I0083531

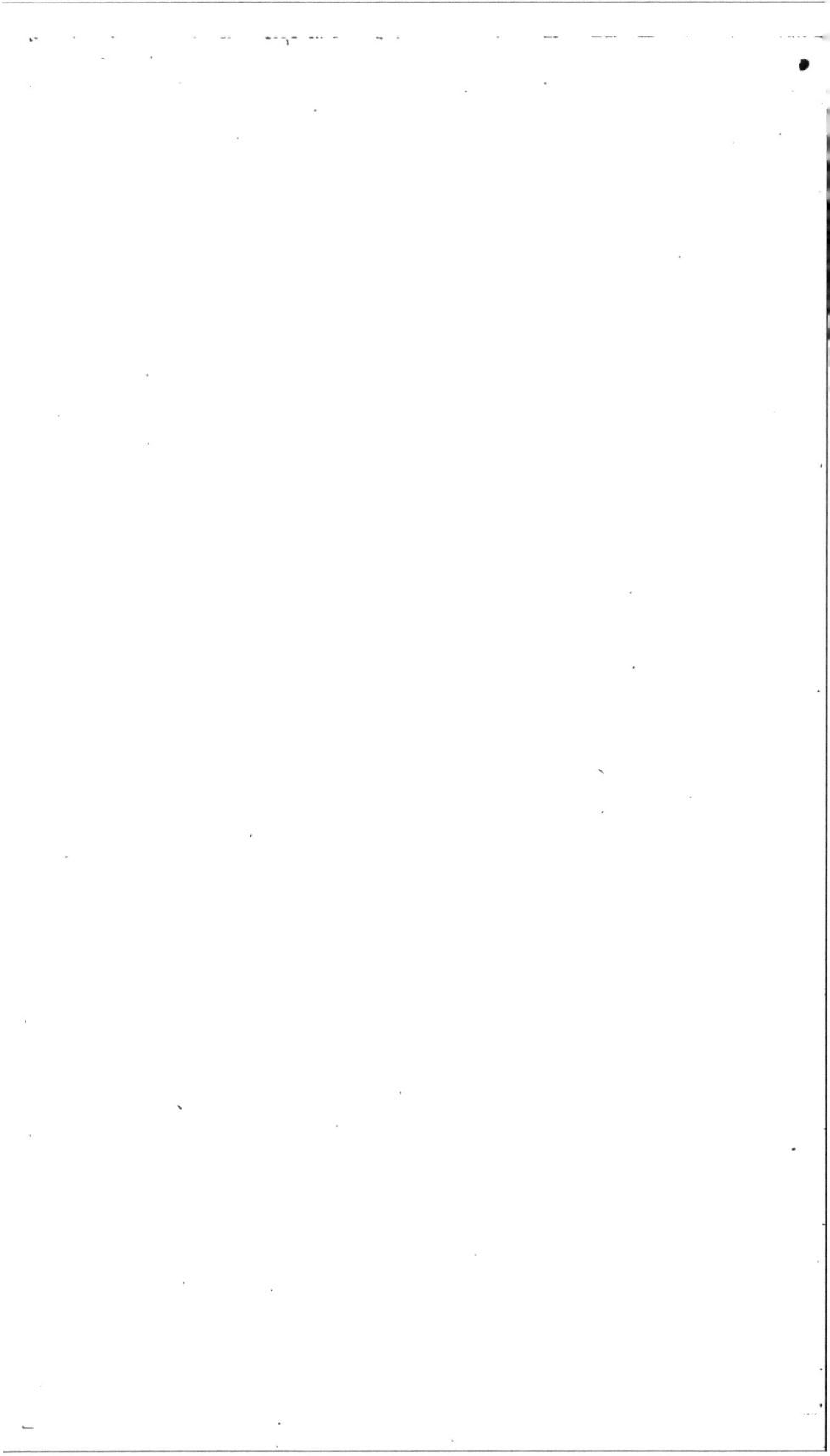

71

8e *L⁵ 321.*

PENDANT LA GUERRE

FÉLIX JULIEN

Officier de Marine

PENDANT

LA

GUERRE

SOUVENIRS D'ORIENT

DEUXIÈME PARTIE

[Bibliothèque impériale library stamp]

CHAMBÉRY

IMPRIMERIE NATIONALE, PLACE DU CHATEAU

1862

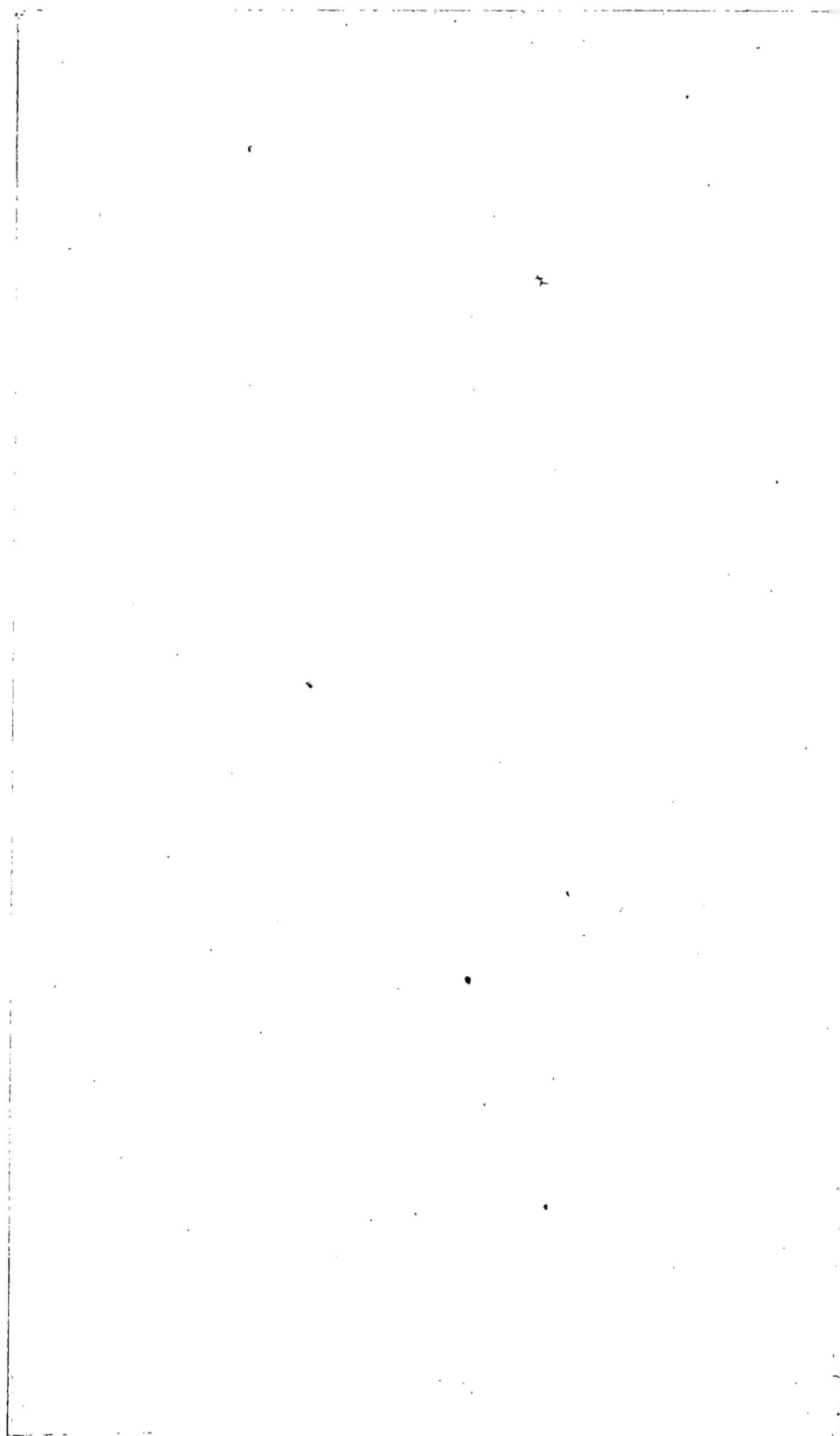

PENDANT LA GUERRE

I

Arrivée de l'Armée française en Orient.

On se rappelle les stériles efforts de la diploma-
tie et la série des événements qui précédèrent la
rupture officielle des puissances occidentales avec
le cabinet de Saint-Pétersbourg. La lutte, à cette
époque, était déjà engagée depuis cinq mois sur la
côte d'Asie et dans les provinces moldo-valaques.
Les mouvements et la position stratégique des
Russes sur le Danube expliquent les deux premières haltes de notre armée en Orient. A Gallipoli, nos régiments furent immédiatement occupés
à couper l'isthme d'Ethnos, à retrancher la presqu'île derrière une fortification permanente, et à
assurer ainsi contre toutes les éventualités de la
guerre l'inexpugnable passage des Dardanelles.

A cette époque, l'armée russe pouvait franchir le Danube, emporter Silistrie, tourner Schumla, et tomber victorieuse, comme en 1829, de l'autre côté des Balkans. Andrinople emportée, elle pouvait arriver avant nous sous les murs de Constantinople. Aussi dut-on songer, dès le début, à s'appuyer solidement, d'une part sur la mer de Marmara, et de l'autre sur le golfe de Saros. Avec une pareille base d'opération, la campagne s'ouvrait pour nous dans des conditions prévues et acceptables. D'ailleurs, la rapidité de notre apparition sur le théâtre de la guerre et la belle conduite des troupes ottomanes, sous le commandement d'Omer-Pacha, ne tardèrent pas à démontrer qu'on s'était exagéré la puissance agressive de la Russie.

Depuis le commencement de l'hiver, l'escadre anglo-française était maîtresse de la mer Noire. Après le bombardement du port militaire d'Odessa, elle avait vainement attendu l'ennemi sous les murs de Sébastopol. La Russie s'avouait impuissante. Elle incendiait les forts qu'elle ne pouvait défendre, elle désarmait ses vaisseaux et renonçait sans combattre à la domination de l'Euxin et au prestige qu'elle n'avait cessé d'exercer sur les populations de l'Orient.

Ce fut à cette époque, c'est-à-dire vers le milieu de mai, que le maréchal de Saint-Arnaud voulut reconnaître lui-même le terrain sur lequel il devait bientôt opérer, et la position inespérée que la résistance de Silistrie lui permettait de prendre à quelques marches seulement du Danube. Il se rendit à Varna, visita le quartier général des Turcs, établi à Schumla, et, après une conférence à laquelle assistèrent Omer-Pacha et lord Raglan, il fut résolu que l'armée serait réembarquée à Gallipoli, qu'elle remonterait le Bosphore, traverserait la mer Noire, et viendrait camper sur la côte d'Europe, au pied même des derniers contreforts des Balkans. C'était tout à la fois gagner du temps et du terrain ; c'était en quelques jours s'avancer de cent lieues vers la ligne occupée par l'armée ennemie.

Sur toute cette partie orientale de la Turquie, Varna offre un des points les plus favorables à une grande concentration de troupes et au débarquement de l'immense matériel qu'entraîne toujours avec elle une armée en campagne. Immédiatement après la décision du général en chef, les convois de navires se succédèrent sans interruption et couvrirent bientôt dans toute son étendue la rade, ou, pour mieux dire, le golfe au fond duquel la ville est située. Au point de vue de la défense, ce n'est qu'une place d'une médiocre valeur : les fortifications irrégulières et les ouvrages défectueux dont elle est entourée ne répondent pas à l'importance de sa position géographique. Appuyée sur la mer et sur un lac d'une vaste étendue, elle commande un des principaux passages des Balkans.

On ne se rend pas compte de la résistance que les Russes rencontrèrent devant ses murs dans la campagne de 1829. La trahison leur en ouvrit les portes. Les travaux du siége, conduits par le comte Woronzoff, ne donnent point une haute idée des ressources du génie militaire dont pouvaient disposer à cette époque les généraux de l'empereur Nicolas.

Contrairement à ce que l'on rencontre dans la plupart des villes turques, l'aspect de Varna n'offre, de loin, rien d'attrayant à la vue, rien de pittoresque ni d'original. Quand on arrive dans son port, encore sous l'impression du féerique panorama des rives du Bosphore, on ne découvre devant soi qu'une grande muraille blanche, derrière laquelle s'élèvent des masses compactes de maisons noirâtres, quelques kiosques badigeonnés, et, au milieu de quelques rares bouquets de verdure, les coupoles et les minarets de deux ou trois mosquées en ruine.

En pénétrant dans l'intérieur, on tombe, comme dans les beaux quartiers de Stamboul et de Scutari, dans un dédale de rues étroites et tortueuses, véritable fouillis de masures en planches, d'im-

passes sans issue, d'échoppes en saillie et d'étala-
ges en plein vent. Bien que la population ne soit
pas très nombreuse, la ville occupe cependant une
étendue considérable de terrain. Il fallait la traverser dans toute sa largeur pour arriver au lieu
où nos troupes devaient camper provisoirement,
en attendant la réunion complète de leur brigade
et de leur division. Au moment de leur entrée à
Varna, la présence de plusieurs corps d'infanterie
égyptienne n'avait point changé la physionomie
primitive du pays. Les Grecs et les Bulgares
accouraient en foule, à la porte du sud, pour voir
nos premiers bataillons débarquer sur la plage et
s'avancer ensuite, musique en tête, sur cette
terre foulée pour la première fois par les armées
françaises. Les Turcs se montraient moins curieux :
la nouveauté du spectacle ne parvenait pas à les
distraire de leur imperturbable gravité. Les vrais
fils d'Osman, les vieux musulmans réfractaires à
la loi de Mahmoud, restaient immobiles, accroupis
sur le seuil de leur porte. A peine détournaient-ils
les yeux pour voir passer les *giaours.* Le silence
de leur accueil était la seule marque de sympathie
que l'on pouvait attendre de leur patriotisme. Et
pourtant, s'il existait un spectacle digne de capti-
ver l'attention des hommes, un spectacle capable
de frapper l'imagination d'une population guerrière, c'était assurément ce flot sans cesse gros-

sissant d'hommes et de chevaux, d'armes et de
bagages, que la mer chaque jour venait jeter sur
ce rivage ; c'était l'agitation, le travail, l'indes-
criptible activité de ces grandes masses qui se
déplacent; c'était enfin, à l'extrémité de l'Europe,
l'apparition de ces vaillantes armées, l'élite et l'espérance des deux plus grandes nations de l'Occi-
dent.

Pour la première fois depuis leur départ, les
troupes alliées se trouvaient réunies sur le même
terrain. Jusque-là l'armée française était restée
campée au camp de Boulahir, tandis que les Anglais, remontant la mer de Marmara, étaient allés
occuper les immenses casernes de Scutari et de
Fanar-Bournou. La brigade légère du général
Brown arrivait dans la mer Noire en même temps
que la première division, commandée par le général Canrobert.

Vers le milieu de juin, la plus grande partie des
deux armées était déjà concentrée à Varna, quand,
à quelques marches de là, Silistrie, entièrement
investie, se trouvait menacée de ne pouvoir résister plus longtemps aux attaques réitérées d'une
armée de 60,000 hommes. Malheureusement, toute
notre cavalerie était encore, avec la division Bosquet, sur la route d'Andrinople à Bourghas ; l'artillerie n'était pas au complet. En présence d'un
ennemi dont on s'exagérait peut-être les ressources

en cavaliers et en canons, on ne voulait pas se porter en avant avec des forces inégales et fractionnées. Dès le début on ne pouvait s'exposer à des chances incertaines de succès.

L'énergique persévérance des Turcs, l'influence morale de notre approche, l'affaiblissement d'une armée ravagée par les épidémies, telles furent les causes diverses qui concoururent à décider le premier mouvement de retraite des Russes de l'autre côté du Danube. La lutte avait été très vive; de part et d'autre les pertes étaient considérables. Les généraux avaient payé de leurs personnes : Mussa-Pacha était mort sur la brèche; Schilder, atteint mortellement; Luders et Gortschakoff, hors de combat; le vieux maréchal Paskewich lui-même avait été blessé grièvement.

Omer-Pacha ne laissa échapper aucun des avantages de sa position. Il poursuivit l'ennemi, le harcela dans sa retraite, et le battit à Giurgewo en lui enlevant des canons et des prisonniers.

Ce mouvement rétrograde des Russes dans les provinces coïncidait avec l'attitude plus ferme que les puissances allemandes s'étaient enfin décidées à prendre dans leur politique avec le cabinet de Saint-Pétersbourg.

Dans une note du 2 juin, la cour de Vienne invitait officiellement l'empereur Nicolas à évacuer les principautés; elle signait en même temps avec le gouvernement ottoman une convention qui autorisait l'entrée des troupes autrichiennes dans les provinces moldo-valaques.

Libre sur le Danube et voulant relier les opérations de son armée à un plan unique de campagne, Omer-Pacha vint visiter le maréchal de Saint-Arnaud dans son quartier général, établi à Varna. Il y était précédé par une réputation que ses dernières victoires rendaient encore plus populaire. Nos soldats avaient vu passer sous leurs yeux les canons russes enlevés sur le champ de bataille : c'en était assez pour faire saluer avec enthousiasme le général qui avait brûlé les premières amorces, et qui n'avait marqué que par des succès les diverses étapes du chemin qu'ils devaient eux-mêmes parcourir. L'accueil que le généralissime ottoman reçut au camp français fut tel qu'on pouvait l'attendre d'une armée intelligente, chez laquelle la discipline n'a point étouffé les élans du cœur et les instincts généreux d'enthousiasme et d'admiration. Omer-Pacha, accompagné du maréchal, passa la revue de nos troupes, réunies sur le plateau de Franka. Leur nombre, en ce moment, ne dépassait pas 35 ou 40,000 hommes.

Les hauteurs qui s'élèvent en pentes rapides à deux ou trois milles dans le nord de Varna sont couronnées par une plaine immense qui s'étend au loin dans l'intérieur, sans culture, sans arbres et sans ondulations de terrain. C'est là que la division Canrobert, la division Forey et la division du prince Napoléon étaient échelonnées à quelques kilomètres de distance. La réception d'Omer-Pacha fut la première solennité militaire qui les réunit toutes les trois sur le même champ de manœuvres. Elles se massèrent par bataillons sur une seule ligne de front; les divers corps étaient rangés en ordre de bataille, les zouaves et les chasseurs en tête, les batteries d'artillerie à gauche de chaque division. A midi, par un ardent soleil de juillet, les cuirassiers et les spahis de l'escorte du maréchal parurent sur le plateau. Ils précédaient et entouraient en partie le brillant cortége que la curiosité avait attiré à la suite des généraux en chef. Toutes les célébrités de l'armée d'Orient s'y étaient donné rendez-vous. Aux premiers rangs se trouvaient le duc de Cambridge, lord Raglan, Ameth-Pacha, les amiraux Dundas, Lyons et Hamelin. Venaient ensuite et en grand nombre les généraux et officiers anglais, avec leurs plumes blanches et leur habit rouge historique, éclatant uniforme que nous avions rencontré devant nous sur presque tous les champs de l'Europe. Dans ce mélange de costumes divers, les colonels de riflemen et de highlanders étaient confondus au milieu des pachas, des livahs et des kaïmakhans. Quelques officiers indigènes de l'ar-

mée des Indes marchaient à côté des chefs circas-
siens des tribus du Caucase. Les deux escadres
avaient aussi fourni leur contingent de commandants, de capitaines et d'élégants midshipmen.
Tout autour, les burnous blancs de nos cavaliers
africains formaient le cadre de ce tableau, tout
resplendissant au soleil des couleurs les plus vives
et les plus variées.

En tête de cette foule dorée, Omer-Pacha se dis-
tinguait par l'éclat de son uniforme. Bien qu'as-
treint au costume sévère de la réforme, l'étoffe de sa
tunique disparaissait sous les larges broderies d'or
dont elle était couverte. Sur la figure douce et
intelligente du général ottoman, on retrouvait
empreinte cette gravité musulmane, dont le jeune
aventurier croate avait dû se faire un masque en
adoptant les mœurs et la religion de sa nouvelle
patrie. Toutefois l'ensemble de sa physionomie
révélait un heureux mélange de calme et d'énergie, de finesse et de force, bien distinct assurément
du somnolent quiétisme oriental, qui, sous les
apparences du fatalisme religieux, ne cache le plus
souvent que l'impassibilité de la paresse et l'en-
gourdissement de toutes les facultés intellectuelles.

Omer-Pacha parcourait lentement, au pas de son
cheval, la longue ligne de nos bataillons. Sa curiosité ne s'attachait pas seulement aux détails de
l'uniforme et de l'équipement militaire, il étudiait

une à une les physionomies diverses des hommes
qui se succédaient devant lui. Son œil vif et pénétrant cherchait à lire dans les yeux mêmes des
soldats, et à découvrir sur ces figures mobiles et
animées ce qu'on pouvait attendre de vigueur,
d'élan et d'énergie dans une campagne dont ils
connaissait mieux que tout autre les dangers, les
fatigues et les lenteurs.

Après la revue, les troupes, serrées en colonne,
défilèrent pendant plus d'une heure devant le
cortége des généraux alliés. La mesure rapide et
entraînante des marches militaires enlevait au pas
accéléré nos soldats, radieux d'entendre retentir si
loin de la patrie les airs populaires de France et
les fanfares africaines, qui les avaient naguère
conduits des gorges du Sétiff aux crêtes de l'Atlas,
des murs de Zaatcha au désert de Laghouat.

A cette heure, d'ailleurs, tout le monde sentait
que ce n'était point seulement une vaine solennité
d'apparat qui réunissait l'armée sur un champ de
manœuvres. L'aspect même des lieux avait son
éloquence : les Balkans, la mer Noire, formaient
en partie l'horizon de ces plaines immenses, qui se
terminaient à Matchin, à Galatz, aux bouches du
Danube. L'ennemi n'était plus qu'à quelques jours
de marche : c'était assez pour frapper l'imagination
du soldat et lui montrer, sous les dehors frivoles
d'une fantasia militaire, tout ce qu'il y avait d'im-

posant dans ce dénombrement solennel de nos
forces au moment de marcher au combat. Aussi
l'enthousiasme avait gagné les masses. Leur confiance remplissait tous les cœurs, la joie rayonnait
sur toutes les figures.

Hélas ! au milieu de ces rêves de gloire, comment les élans d'une aussi noble ardeur sont-ils
restés si longtemps stériles ? Pourquoi tant de journées lugubres nous ont-elles séparés des jours de
fête qu'on nous avait promis ? Pourquoi, enfin,
tant de cadavres ensevelis loin d'un champ de
bataille, tant de victimes frappées dans l'ombre,
tombant une à une et sans gloire sous les coups
invisibles d'un ennemi plus terrible que les bataillons russes, plus redoutable que les steppes glacés,
plus invincible que les murs de granit? Dieu seul
a le secret de ces sombres mystères.

Ce fut vers le milieu de juillet que les premiers
symptômes du choléra se manifestèrent à Varna.
La corvette française *le Primauguet* mouilla
sur rade en portant, avec un détachement de la
cinquième division, les germes du fléau qui sévissait en France, en Italie et dans toutes les contrées
de la Méditerranée. Dès son apparition, l'épidémie s'était subitement répandue d'un bout à l'autre de l'Europe : de la Baltique à la mer Noire, du
golfe de Finlande aux côtes de Crimée. En Orient,
notre armée comptait déjà de nombreuses victimes.

Le général Carabuccia et le duc d'Elchingen avaient ouvert à Gallipoli cette longue liste funèbre, à laquelle devaient s'ajouter, au sein même de la victoire, les noms des deux généraux en chef, Saint-Arnaud et lord Raglan. L'agglomération de quatre-vingt mille hommes réunis à Varna, la saison des chaleurs et l'influence fiévreuse du lac marécageux qui entoure la ville, nous laissaient peu d'espoir de pouvoir nous soustraire au danger qui chaque jour nous menaçait de plus près. Toutefois, pendant plusieurs semaines les premières atteintes du mal ne prirent aucun caractère alarmant. Nos trois premières divisions, campées sur les hauteurs, reçurent l'ordre de quitter le plateau et de se porter en avant à petites journées. Elles devaient marcher sur une seule ligne, la droite appuyée sur la mer, la gauche s'étendant vers le nord, du côté du Danube.

L'avantage le plus immédiat de ce premier mouvement était d'éviter une trop grande concentration de troupes dans les environs de Varna. Le maréchal Saint-Arnaud voulut en même temps profiter de cette diversion pour soutenir les cavaliers du général Jusuf, lancés à la poursuite d'une division russe encore engagée dans la Dobrutcha. Dans l'armée, toutefois, on crut d'abord à un plan plus sérieux de campagne : on se plut à ne voir dans ce départ subit que le commence-

2

ment d'une opération qui mettait enfin un terme à l'impatience du soldat.

En quelques jours, en effet, on pouvait atteindre la ligne du Danube, tomber à l'improviste sur l'arrière-garde ennemie ; puis, se repliant rapidement vers le bord de la mer, on pouvait s'embarquer à la hâte sur une flotte toute prête, et aller, à travers la mer Noire, tenter, dans le Caucase ou en Bessarabie, un de ces coups hardis dont l'audace et la rapidité garantissent presque toujours le succès.

Depuis quelque temps la descente en Crimée préoccupait les esprits et séduisait déjà toutes les imaginations ; mais une telle entreprise exigeait des moyens d'action plus puissants que ceux dont on pouvait disposer à cette heure. En attendant le moment favorable, on s'arrêtait de préférence aux projets d'une puissante diversion sur la côte d'Asie. Des ingénieurs avaient été chargés d'explorer le pays. On avait vu les chefs des tribus circassiennes se rendre au quartier général des armées alliées. Attaquer Annapa, incendier Sóudjack, débarquer à Poti et remonter le Phase par Tiflis jusqu'au centre de la Géorgie, c'était tout à la fois anéantir en Asie la domination russe et surprendre l'ennemi, avec armes et bagages, entre les bandes de Schamyl et l'armée ottomane, commandée par Ismaïl-Pacha.

Comme on le voit, dans tous les rêves d'expéditions lointaines l'imagination jouait un plus
grand rôle que la réalité. Sous l'impression des
récits merveilleux, on espérait voir flotter le dra-
peau de la France sur la crête de ces montagnes,
que n'avaient jamais franchies les aigles romaines ;
on espérait parcourir en vainqueurs ces contrées
célèbres, encore entourées de poésie et de mystère,
terre classique des légendes guerrières, des héros
inspirés et des belles esclaves. L'avenir ne tarda
pas à montrer tout ce qu'il y avait d'illusion dans
de pareils projets.

Deux jours après leur départ de Varna, les deux
brigades de la division Canrobert établirent leurs
tentes sur les hauteurs qui dominent Baltchick. A
partir de ce point jusqu'aux marais de la Dobrutcha, la côte est en général aride et escarpée. Quelques bouquets de verdure, quelques sources entourées de vignes et de cerisiers, interrompent de loin
en loin les grandes falaises blanches qui descen-
dent à pic jusqu'au bord de la mer. Dans le fond
d'une gorge ouverte, au milieu de collines crayeu-
ses, deux ou trois cents maisons étagées en amphithéâtre composent le village bulgare où les
archéologues croient avoir retrouvé les ruines de
l'ancienne Tomi. A cet égard, les avis ne sont pas
unanimes. Quelques auteurs placent un peu plus
loin le bourg perdu où Ovide fut condamné à

passer dans la disgrâce et dans l'exil les dernières
années de sa vie. Le favori d'Auguste, l'ami d'Ho-
race et de Tibulle, n'avait pu résister longtemps
aux rigueurs de cette solitude. L'ennui lui parut
plus à craindre que l'influence meurtrière du climat, plus redoutable que les invasions sans cesse
menaçantes des Scythes et des Daces. Aussi, en
parcourant aujourd'hui les lieux où il avait écrit
son ouvrage d'adieux, son poëme des *Tristes*, on
comprend dans quel cercle d'idées avait pu s'in-
spirer l'imagination du poëte.

C'est au pied des falaises qui entourent Baltchick que se trouvait, depuis le commencement de
la guerre, le point de station des flottes alliées. La
proximité d'une aiguade abondante avait d'abord
déterminé le choix de ce mouillage. Plus tard,
l'arrivée des troupes à Varna en avait fait un lieu
d'observation indispensable à la sécurité des transports de l'armée. En ce moment, vingt grands
vaisseaux de ligne étaient mouillés à deux milles
environ du rivage. En les découvrant des hauteurs
où ils étaient campés, nos soldats les saluèrent
comme ils auraient salué le sol de la patrie. N'était-
ce pas, en effet, pour eux, plus que le souvenir de la
France? N'était-ce pas la France elle-même, puissante et souveraine, les accompagnant pas à pas
dans les contrées inconnues qu'ils allaient parcourir? Telle était désormais la mission réservée à

l'escadre depuis le jour où l'ennemi s'était renfermé derrière ses murailles. La tâche était assez belle sans doute pour soutenir l'ardeur de nos marins : la grandeur du but leur faisait oublier les ennuis d'une campagne dont personne ne prévoyait le terme. Qu'importaient, après tout, les privations et les fatigues, les dangers et les épidémies, s'ils parvenaient à préparer à leurs camarades de l'armée les lauriers que la retraite de l'ennemi ne leur permettait plus d'aller cueillir eux-mêmes ! La marine, il est vrai, avait eu les honneurs des premiers coups de canon tirés en Orient. Mais à quel prix avait-elle acheté cette distraction d'un moment ? Depuis plus d'une année l'escadre avait quitté la France. En laissant derrière elle les côtes d'Espagne et d'Italie, elle avait rompu avec les habitudes du passé, elle avait dit adieu à tout un monde de souvenirs, de distractions, de fêtes. Une ère nouvelle commençait pour elle. Adieu les bals de Naples, les courses à Sorrente ! Adieu les soirées de Lisbonne et les *allameda* de Palme et de Cadix ! Les rochers de Salamine, la plage déserte et fiévreuse de Bésika, l'hiver dans le Bosphore et les brumes de la mer Noire, tels avaient été, pour l'escadre, les préludes d'une campagne de guerre qui s'annonçait pour elle sans les émotions d'une lutte sérieuse, sans même l'espérance de pouvoir oublier en un jour de bataille les ennuis de la

veille et les souffrances du lendemain. L'armée
venant de France retrouvait nos vaisseaux devant
une côte presque inhospitalière, à quelques lieues
des marais du Danube et de la Dobrutcha.

La division Canrobert ne passa qu'une nuit au
bivouac de Baltchick. Dès le lendemain elle levait
ses tentes et poursuivait la route par le bord de la
mer, dans la direction de Kavarna et de Manghalia. Jusque-là nos colonnes avaient rencontré un
pays fertile à moitié cultivé. Elles avaient tra-
versé, par des chemins étroits, des bois de chênes,
des champs d'orge et de blé, des ravins plantés
de vignes et de cerisiers. A partir de Baltchick,
ainsi que nous l'avons déjà remarqué, le terrain
change complétement d'aspect. La végétation s'ap-
pauvrit, les bois disparaissent, les traces de culture
deviennent moins fréquentes. De grandes herbes
épaisses et entrelacées rendent la marche lente et
pénible sur ces plateaux, qui se succèdent à l'horizon avec une fatigante uniformité. Un grand
nombre de *tumulus* de forme conique et d'égale
hauteur augmentent encore la monotonie du pay-
sage. Rien ne repose la vue, rien n'occupe les
yeux. On est tout entier livré à ses pensées et
abandonné aux lassitudes du corps dans ces longues journées de marche où l'on ne rencontre que
quelques masures en ruine, quelques puits d'eau
boueuse, et, de loin en loin, quelques villages à

moitié déserts. L'invasion des Russes, en 1828, a laissé des traces que le temps n'a point encore effacées. A Manghalia, tout un quartier de la ville, enseveli sous un amas de ronces et de décombres, rappelait aux habitants le passage d'un ennemi que la guerre pouvait encore ramener sous leurs murs. Aussi, dans leur indifférence, ou dans leur sagesse peut-être, n'avaient-ils point cherché à relever leurs maisons écroulées, ni à éloigner de leurs yeux un spectacle parfaitement d'accord avec la tristesse des lieux.

A quelque distance de la ville on rencontre, sur le bord de la mer, des souvenirs d'un autre âge : ce sont des blocs de marbre, des sarcophages ouverts, des tronçons de colonnes et des chapiteaux mutilés. C'est tout ce qu'il reste des colonies mégariennes fondées sur la côte occidentale du Pont-Euxin ; ce sont les seuls vestiges que cette terre, aujourd'hui désolée, conserve encore d'une civilisation qui devança et prépara la nôtre. Nos soldats traversèrent ces ruines à peu près étrangers aux souvenirs qu'elles évoquent. Bien peu leur importaient les richesses qu'un savant aurait pu rencontrer au milieu des débris qu'ils foulaient sous leurs pas. En marche, sous un soleil ardent, exténués de fatigue et de soif, ils auraient volontiers donné tous ces trésors d'architecture antique pour un bidon d'eau fraîche et une goutte d'eau-de-vie. Quelques officiers, plus curieux, s'arrêtaient devant une inscription, mesuraient la volute d'un chapiteau, et cherchaient à réédifier le péristyle et la cella d'un temple avec quelques débris épars du fronton et de l'entablement. Au point de vue de l'art, toutes leurs recherches furent en général stériles: aucun de ces fragments ne rappelait les traditions de la belle époque architecturale d'Athènes et de Corinthe. Ce n'était plus le style dorique ou ionien avec cette élégante simplicité de forme et cette inimitable pureté de lignes qui caractérise le siècle de Périclès. Une ornementation d'un goût moins sévère et moins pur semble rattacher la plupart de ces marbres à une période de mélange et de décadence déjà voisine de l'invasion romaine en Orient.

A quelques lieues plus loin on retrouve mieux conservé le reste des travaux entrepris à cette nouvelle époque de conquête et de domination : ce sont trois lignes parallèles courant de l'est à l'ouest sur une étendue de sept ou huit lieues environ. Elles relient le Danube à la mer au point où le fleuve, abandonnant sa direction première, remonte brusquement dans le nord. Ces ouvrages de fortification, à peine en état aujourd'hui d'arrêter une troupe à cheval, sont connus dans l'histoire sous le nom de murs de Trajan. Ce fut dans les derniers jours de juillet que la première divi-

sion française franchit cette barrière, élevée, il y a
dix-huit siècles, contre les invasions des barbares du
Nord. Elle marque aujourd'hui la limite extrême
des régions marécageuses qui avoisinent les bouches du Danube. Pénétrer au delà dans la plus
mauvaise saison de l'année, c'était s'exposer à
coup sûr aux influences meurtrières du climat.
Des ordres avaient été donnés dans ce but pour
éviter de se porter au nord de Custendjé. Là devait
s'arrêter la droite de l'armée ; mais des nouvelles
imprévues arrivaient en ce point en même temps
que nos soldats.

Le général Jusuf, à la tête de ses trois mille
bachi-bouzoucks, avait enfin rencontré les avant-
postes de l'armée ennemie. Le premier engagement avait montré la vigueur de ces nouvelles
troupes : le capitaine Dupreuil, emporté en avant
de son régiment, était tombé percé de neuf coups
de lance et n'avait dû son salut qu'au dévouement
des cavaliers entraînés à sa suite. Trois régiments
russes se montraient encore dans les environs de
Babagdah. Jusuf n'hésita pas à se porter en avant
avec quelques pièces de canon, renforcé des douze
cents zouaves débarqués depuis quelques jours à
Custendjé. Il écrivit en même temps au général
Espinasse, qui remplaçait provisoirement le général Canrobert dans son commandement : « J'ai
« enfin atteint l'ennemi ; je suis prêt à marcher

« contre lui. Je vous prie de venir à moi et de me
« prêter le concours de votre division. » La colonne française arrivait en ce moment au bivouac de
Pallas. Les troupes dressaient leurs tentes autour
du petit lac qui s'étend à deux milles environ au
nord de Custendjé. C'est là qu'elles reçurent les
premières nouvelles de l'engagement de la veille
et l'appel que leur adressait le général Jusuf. Pour
des soldats d'élite, c'était un début d'un heureux
augure, une bonne fortune, en vérité, qui pro-
mettait les honneurs des premiers coups de fusil
avec les cavaliers de l'arrière-garde ennemie. De
la rapidité de leur mouvement dépendaient les
chances de succès. Aussi, pas un instant perdu, pas
une minute d'hésitation. Les sacs furent laissés au
camp ; on prit des vivres pour trois jours, et,
pleins d'ardeur et d'insouciante gaîté, on s'engagea, par une route sablonneuse, au milieu des
hautes herbes qui bordent les marais de la Dobrutcha. Les cosaques et les bachi-bouzoucks avaient
frayé la voie. Des cadavres à moitié inhumés
gisaient çà et là tout le long du chemin.

A minuit seulement la colonne fit halte. Le but
semblait atteint ; on y arrivait harassé de fatigue,
mais plein de confiance et d'espoir. Les zouaves
étaient là campés depuis deux jours, près des
masures qui forment le bourg de Kergalick. Mais,
hélas ! quel étrange spectacle attendait nos soldats

à leur dernière étape! quel lugubre tableau allait
entourer leur réveil! Quelques heures avaient
suffi pour anéantir tous les desseins des hommes :
le bras de Dieu s'était appesanti sur nous. Le soleil
ne devait se lever brillant à l'horizon que pour
éclairer des scènes de mort et de désolation.

Le choléra, comme la foudre, s'était abattu sur
le camp des zouaves. Cent victimes, surprises dans
leur sommeil, avaient succombé sans revoir le jour
du lendemain. L'épidémie, dès son début, sévissait
avec une violence extrême ; elle apparaissait avec
un caractère étrange, inconnu jusqu'alors. Des
douleurs subites, une soif ardente, des déchire-
ments d'entrailles et des vomissements incessants,
tels étaient les symptômes de ces mystérieux em-
poisonnements, qui, au milieu des convulsions
d'une courte mais atroce agonie, conduisaient à
une mort certaine. Au réveil du camp, deux cents
hommes étendus sous les tentes-abris luttaient
contre les atteintes du mal. Cette nuit fatale du
30 juillet ne fut pas moins funeste aux cavaliers
de Jusuf, campés à trois mille plus loin. La mort
avait fait brèche dans leurs rangs. L'invasion du
fléau avait abattu les plus mâles courages. Ainsi
tout espoir de combattre s'était évanoui. Qu'im-
portait la présence des Russes, si ardemment sou-
haitée dans les jours précédents? Il fallait fuir à
cette heure, il fallait s'arracher à tout prix à cette

terre empoisonnée. Le voisinage des cosaques n'offrait qu'une complication nouvelle au milieu des dangers imprévus qui nous enveloppaient.

On s'efforça vainement de commencer dès le matin le mouvement rétrograde vers Custendjé. Les deux brigades arrivées dans la nuit comptaient déjà de nombreuses victimes; leur nombre grandissait d'heure en heure, et les moyens de transport manquaient à la colonne. Il fallait se hâter néanmoins; il fallait se mouvoir avec trois cents malades à travers une plaine aride et sablonneuse. La division entière ne pouvait fournir qu'une trentaine d'arabas; leurs conducteurs, épouvantés, s'étaient déjà enfuis, laissant entre nos mains leurs bœufs et leurs voitures. Ce fut sur ces chariots bulgares que l'on entassa pêle-mêle les malheureux cholériques qui respiraient encore. Impossible d'écouter leurs plaintes et leurs cris; impossible de les laisser mourir en paix derrière nous : les cosaques nous observaient à portée de canon. Les voitures d'artillerie vinrent à leur tour enlever la plus grande partie de ce funèbre chargement. Autour du camp, des bataillons entiers creusaient de longs sillons dans lesquels disparaissaient tous ceux que la mort avait délivrés de leurs maux.

La terre remuée était noire et fétide; des exhalaisons méphitiques se répandaient dans l'air; l'atmosphère était lourde, le soleil brûlant; la

nature semblait inerte et privée de vie. Sur le front
de bandière, plusieurs maisons en feu dévoraient
les sacs, les vêtements et les débris que l'on ne
pouvait emporter ; les armes même étaient dé-
truites.

En même temps et pour compléter ce lugubre
tableau, on vit passer sur notre droite les esca-
drons décimés des bachi-bouzoucks. Ils se re-
pliaient en désordre vers Custendjé et vers Magha-
lia. La mort chassait comme un troupeau ces
cavaliers barbares, recouverts de haillons encore
tout souillés de la boue des marais. La variété de
leurs costumes, la sombre expression de leurs
figures brûlées par le soleil, amaigries par les
privations et les fatigues, concouraient à jeter une
étrange couleur sur ces bandes accourues naguère,
pleines d'ardeur et d'enthousiasme, du fond de la
Caramanie et du Kurdistan. Elles fuyaient aujour-
d'hui en silence dans les champs désolés, comme
une fantastique évocation des hordes d'Orkhan et
de Mahomet II. De distance en distance on aper-
cevait un de ces malheureux, accroupi sur sa selle,
vaincu par la douleur, glissant comme un fan-
tôme le long de son cheval. Pas un cri, pas
une plainte ne trahissaient sa souffrance. Vrai fils
d'Osman, il tombait la face tournée vers la mosquée
sacrée ; puis, en luttant dans les dernières convulsions de l'agonie, il roulait et disparaissait au

milieu des hautes herbes du chemin. La colonne
passait, et son cheval, immobile et inquiet, marquait
encore pendant quelques instants la place où venait
de tomber un des fidèles défenseurs du païischah.

A dix heures, la première division put enfin
lever le camp de Kergalick. Toutes les voitures
étaient encombrées de malades, tous les moyens
de transport épuisés ; et cependant, à chaque pas,
de nouvelles victimes tombaient çà et là dans les
rangs. Il fallait faire un dernier appel au courage
des hommes, recourir à tout ce qu'il leur restait
de force et d'énergie. Leur dévouement fut sans
limites. Les sacs de campement se transformèrent
en civières, les bâtons des tentes en brancards. Pas
un soldat respirant encore ne fut abandonné.
Dans cette marche à jamais mémorable, les
zouaves et le 9e bataillon de chasseurs formaient l'arrière-garde. Armés de pelles et de
pioches, ils ensevelissaient à la hâte les cadavres
que laissaient tomber sur la route les arabas et les
prolonges. Des bandes de corbeaux, quelques
grands vautours fauves, planaient sur la colonne et
complétaient le funèbre cortége qui nous accom-
pagna jusqu'au camp de Pallas. La nuit était venue
quand la division atteignit les bords du lac infect
auprès duquel elle avait laissé, trente-six heures
auparavant, ses sacs et ses bagages.

Après les émotions d'une telle journée, l'épidé-

mie redoubla de violence. Pendant toute la nuit
les docteurs, les infirmiers couraient de tente en
tente, portant partout leurs soins et leurs conseils.
Mais, hélas ! quel secours, quel soulagement appor-
ter dans cet abîme de souffrances? Les remèdes
manquaient, les caissons d'ambulance étaient
vides ; pas un grain d'opium, pas une goutte d'eau-
de-vie! L'eau même du marais était noire et infecte.
On était réduit à l'orge des chevaux pour servir de
tisane. Des détachements de tous les corps passè-
rent la nuit auprès de leurs malades. Les officiers
payaient de leur personne : ils s'efforçaient, à l'aide
de continuelles frictions, de ramener un peu de
chaleur et de vie dans les membres déjà envahis
par le froid. Soins impuissants! dévouement sté-
rile! Au lever du soleil, le sol était jonché de
morts. De hautes herbes recouvraient en partie
une terre noirâtre et argileuse. L'aspect du camp
offrait dans toute son horreur une scène du Dante,
un des cercles maudits dans lesquels le poëte rencontre des milliers de victimes roulant et se tordant
dans le marais fétide :

> Qual sovra il ventre e qual sovra le spalle
> L'un del altro giacea, e qual carpone
> Se trasmutava nel campo maligno.

Tous les regards étaient tournés vers la mer; de
ce côté seulement restait quelque espérance. En

quelques heures une flottille pouvait enlever nos
malades, renouveler nos vivres et nos médicaments.
Au point du jour une frégate parut près de la
côte. Elle hissa en passant les couleurs britanni-
ques et continua sa route vers le nord. Heureusement, quelques heures plus tard le *Cacique* et le
Pluton mouillaient dans le petit port de Custendjé.

Le général Canrobert, de retour de son exploration devant Sébastopol, retrouvait au camp de
Pallas les débris de la division qu'il avait laissée
naguère si brillante sur les hauteurs de Franka.
La présence d'un chef aimé semblait rendre un
peu de calme et de courage à ces masses si cruel-
lement éprouvées. Les cholériques se traînaient
sur son passage, tendaient les mains vers lui ;
partout on l'accueillait comme un libérateur. Au
milieu des douleurs les plus vives, le cœur de
l'homme qui souffre s'abandonne si aisément à la
moindre espérance !

Comme la veille, les arabas, les voitures d'artillerie, les chevaux des officiers et des généraux, furent employés au transport des malades. Huit cents
hommes purent ainsi, dans la même journée, être
acheminés vers le bord de la mer. On n'abandonna
autour des tentes d'ambulance que les malheureux
qui n'offraient aucune chance de salut. A quelques
pas plus loin, de grandes fosses étaient ouvertes
pour les recevoir. Le camp de Pallas n'était dis-

tant du rivage que de trois kilomètres environ.
Sur le revers des falaises baignées par la mer, la
petite ville de 'Custendjé, bâtie en amphithéâtre,
ne présentait à l'œil qu'un amas confus de murailles grisâtres et de maisons ruinées, noircies
par l'incendie. Çà et là, quelques masures encore
intactes étaient entourées de petits arbres rabou-
gris et de vignes sauvages. Les cavaliers du général
Jusuf avaient laissé partout les traces de leur
récent passage. Dans leur retraite précipitée, l'intérieur de cette ville dévastée s'était peuplé de
morts et de mourants. Des cadavres sans sépulture
gisaient au milieu des décombres. Dans une
rue étroite et tortueuse, les chariots chargés de
nos malades s'arrêtaient à chaque pas pour permettre à nos hommes de frayer le chemin. De
toutes parts des chevaux sans maîtres erraient,
chassés par la faim. On en vit quelques-uns fuir
et traîner en lambeaux le corps du cavalier, qui,
d'une main crispée, se tenait encore cramponné à la
bride. Partout des scènes hideuses, partout des ta-
bleaux repoussants ! Mais nulle part le spectacle
n'apparut plus sombre et plus terrible que dans l'intérieur d'une grande mosquée, où deux ou trois
cents bachi-bouzoucks s'étaient réfugiés. La mort
à leur suite avait franchi le seuil de l'enceinte
sacrée. Les malheureux qui respiraient encore
gisaient mêlés et confondus avec les cadavres

3

entassés sur les dalles souillées, au milieu d'un
air impur, d'une atmosphère infecte. Aucune
main amie n'était tendue vers eux. A la porte
même du temple, quelques Turcs accroupis fumaient
le chibouck, graves et impassibles comme s'ils
s'étaient trouvés sur les marches de Sainte-Sophie
ou sous le péristyle de la mosquée d'Achmet. Du
haut du minaret, la voix cassée du muezzin son-
nait l'heure de la prière. Tout le génie de l'islam
était là. La loi du Coran s'y révélait dans la plus
cruelle application du fatalisme oriental. A côté
d'une incontestable valeur guerrière on retrouvait
l'égoïsme de l'homme établi en principe, la dureté
du cœur érigée en vertu. C'était bien toujours le
mépris de la mort, mais le mépris plus grand
encore pour toutes les souffrances de ceux qui
vous entourent.

A quelques centaines de pas plus loin, nos malades arrivaient sur la plage, où se trouvaient réunies pour les recevoir les embarcations des deux
navires de guerre mouillés devant l'entrée du port.
La conduite de nos marins offrait un singulier
contraste avec les scènes de désolation et d'abandon
qui venaient de se dérouler sous nos yeux. Atteints
déjà eux-mêmes par l'épidémie, ils n'hésitaient
pas à se jeter à l'eau pour recueillir dans leurs
bras, emporter sur leurs épaules les malheureux
cholériques, dont le salut désormais leur était con-

fié. Ils les déposaient doucement, sans secousse,
au fond de leurs canots ; ils les entouraient de soins
et d'attentions. La gravité même du mal semblait
redoubler leur ardeur. Sous quelque forme, en
effet, qu'apparaisse le danger, sa présence exerce
une influence étrange, un merveilleux prestige sur
ces bonnes et vigoureuses natures, sur ces hommes
de cœur, voués dès leur enfance au rude métier de
la mer. Pour eux le vrai courage ne se borne pas
seulement à braver le fer de l'ennemi, il s'étend au
delà : il s'élève à la hauteur de tous les dévoue-
ments, de tous les sacrifices.

Tels étaient les sentiments qui animaient le général Canrobert quand il écrivit à l'amiral Hamelin :

« Je vous prie d'agréer l'expression de mes re-
« merciments, et de me permettre d'appeler votre
« attention sur le noble dévouement qu'ont montré,
« pour venir en aide à leurs camarades souffrants
« de l'armée, les commandants et les dignes équi-
« pages des bâtiments que vous avez envoyés à
« Custendjé et à Manghalia. »

Ce ne fut, en effet, que dans ce dernier port que
l'on rencontra les secours et les vivres demandés à
la flotte par le général Canrobert. La division française avait enfin réussi à s'éloigner du camp de
Pallas. Elle s'était débarrassée de plus d'un millier
d'hommes, et cependant sa marche vers le sud était
à chaque pas ralentie, entravée par les nouvelles

victimes, qui tombaient aussi nombreuses que dans les journées précédentes. Les bataillons d'arrière-garde ensevelissaient les morts; les voitures et les arabas enlevaient tous ceux qui n'avaient pas encore rendu le dernier soupir. Deux jours après son départ de Custendjé, la colonne, encombrée de malades, arriva devant Manghalia et campa dans la plaine sur les bords des marais qui s'étendent à gauche de la ville.

En retraçant l'histoire de cette époque néfaste, on s'arrête involontairement au souvenir d'une pensée qui s'offrit bien des fois, terrible et menaçante, à l'esprit des chefs et des soldats. Loin de la mer, sans le secours des navires de guerre, quel eût été le sort réservé à nos troupes, surprises par une épidémie foudroyante au milieu des plaines de la Dobrutcha? Quel eût été le dernier dénoûment de ces marches désastreuses, où tous ceux que le fléau n'avait point atteints étaient fatalement liés au salut et au transport de milliers d'hommes agonisants. L'énergie humaine avait atteint son terme; et pendant ce temps, si l'ennemi se fût résolûment attaché à nos pas, qui pouvait affirmer qu'on n'eût pas vu se renouveler sous nos yeux les cruels sacrifices des pestiférés de Jaffa? Devant de pareilles questions, l'esprit hésite et l'imagination n'ose sonder un abîme qui pouvait engloutir jusqu'au dernier de nos soldats.

L'embarquement des malades à Manghalia s'effectua avec le zèle et l'activité dont la marine militaire a donné de fréquents exemples dans les diverses périodes de la guerre d'Orient. Cette dernière opération eut lieu cependant dans des circonstances imprévues, qui laissèrent pendant longtemps une douloureuse impression dans l'esprit de ceux qui en furent témoins. Dans la matinée du 3 août, les convois de malades se succédèrent sans interruption sur le bord de la mer. Les canots, malgré leur continuel va-et-vient depuis le point du jour, ne parvenaient pas à déblayer la plage. Cinq cents cholériques, exposés aux rayons d'un soleil ardent, restaient encore étendus sur le sable en attendant leur tour d'embarquement. En ce moment le ciel, pur jusqu'alors, s'assombrit tout à coup. Des torrents de pluie inondèrent la ville. En un instant matelots, infirmiers et soldats de corvée semblaient perdus dans un vaste marais. Les malades, à moitié nus, restèrent pendant une heure entière exposés à toute la violence de l'orage qui fondait sur leur tête. Leurs cris de désespoir se perdaient au milieu du bruit du vent et de la mer. Les éléments s'acharnaient à leur perte. Le ciel se montrait implacable contre ces dernières victimes, qu'aucune force humaine ne pouvait arracher à cette terre maudite. Après une heure de cet affreux supplice, deux cents cadavres gisaient dans des mares de boue. Plusieurs de ces malheureux avaient été entraînés dans les flots et roulés sur la plage. Tous ceux enfin qui purent gagner, vivant encore, les ponts de nos navires, emportaient avec eux le germe d'une mort assurée. Pendant une traversée de douze heures, le casernet du bord se changea, en effet, en liste mortuaire. Avant d'arriver à Varna, le *Primauguet* jetait quarante-trois hommes à la mer; la *Calypso*, quatre-vingt-huit; le *Magellan*, soixante; le *Descartes* et le *Vauban*, dans les mêmes proportions.

L'embarquement de Manghalia fut le dernier épisode des scènes lugubres qui se succédèrent pendant notre retraite à travers les marais de la Dobrutcha. Le général Espinasse, qui avait conduit la colonne, partit sur le *Vauban*, accompagné du colonel de Senneville, l'un et l'autre gravement atteints par l'épidémie. Tous les autres aides de camp étaient morts à leur poste. Les officiers de tous les corps avaient payé un large tribut au fléau. La plupart étaient tombés en donnant à leurs soldats l'exemple d'un noble dévouement. La victoire n'a point consacré dans des bulletins glorieux le nom de ces victimes, elle n'a point semé des lauriers sur leur tombe fermée si loin de la patrie; mais ce que l'histoire doit rappeler, à l'éternel honneur de leur mémoire, c'est l'exemple de résignation et de mâle courage que les soldats et les chefs n'ont cessé de montrer dans la plus cruelle épreuve qu'il soit donné à l'homme de traverser. C'est la pensée qui inspirait le général Canrobert dans l'ordre du jour qu'il adressait à ses troupes : — « Sous peu nous aurons gagné les « contrées saines, où votre santé sera complétement « rétablie, et, après les regrets donnés à nos com-« pagnons qui ont succombé, il ne nous restera « plus, de ces mauvais jours, que le souvenir des « vertus qu'ils ont fait ressortir en vous, vertus qui « font l'orgueil ét la consolation de votre général « et sont le sûr garant de vos prochains succès « contre l'ennemi. »

Les régiments décimés de la première division s'acheminèrent lentement et à courtes étapes par la route de Kavarna et de Baltchick. Ils arrivè-rent à Varna vers le milieu du mois, et campèrent sur les hauteurs qui dominent la ville, à côté de la deuxième et de la troisième division, de retour depuis quelques jours de leur expédition vers la ligne du Danube. Les troupes du général Bosquet et du prince Napoléon n'avaient point franchi la limite des régions insalubres. Aussi avaient-elles pu se replier en bon ordre et sans essuyer des pertes désastreuses. Elles n'avaient été exposées qu'aux atteintes générales de l'épidémie, qui depuis trois semaines s'était répandue dans tous les camps réunis dans les environs de Varna.

II

A cette époque, le moral de l'armée entière su-
bissait l'influence des rudes épreuves que l'on
venait de traverser. L'ardeur des premiers jours
disparaissait peu à peu. L'enthousiasme ne pouvait résister longtemps à cette longue série de
spectacles lugubres, dont le dénoûment était encore
un mystère. L'espoir d'une prochaine rencontre
n'existait plus : comment atteindre un ennemi
qui se repliait au delà du Danube et derrière le
Pruth ? La saison déjà avancée venait ajouter des
craintes nouvelles aux difficultés de la situation
présente. Au milieu même des épidémies et des
souffrances occasionnées par les ardeurs d'un
soleil dévorant, on ne perdit point de vue les souf-

frances et les maladies tout aussi redoutables
auxquelles serait exposée une armée ainsi c on-
damnée à passer sous la tente la saison des neiges
et des froids rigoureux. Sur la plus grande partie
du littoral de la mer Noire, les variations de la
température atteignaient des limites extrêmes. Aux
vents brûlants du sud qui, pendant l'été, traver-
sent les déserts de l'Egypte et de la Syrie, succèdent,
du nord-est, les vents qui soufflent, sans rencontrer
d'obstacles, à travers les steppes de l'Ukraine et de
la Sibérie. Au commencement de l'année, les frégates françaises envoyées en observation sur la
côte avaient trouvé Bourghas et Varna ensevelis
sous la neige ; le thermomètre s'y maintenait à
huit ou dix degrés au-dessous de zéro.

On le voit, le moment semblait venu de s'arrêter
à une décision prompte et énergique ; il fallait sortir,
à n'importe quel prix, du doute qui préoccupait
les esprits. Il fallait résoudre sans plus tarder
la double question que chacun se posait : poursui-
vrait-on quand même les chances de la guerre,
malgré les difficultés des distances et la rigueur
des saisons, ou bien, renonçant pour cette année
à toute entreprise douteuse, se bornerait-on à tenir
à Varna et à Constantinople une armée toute prête
à agir dans les premiers beaux jours du prin-
temps. ? La première de ces résolutions ne comptait
plus que fort peu d'adhérents. Accueillie avec en-

thousiasme un mois auparavant, elle paraissait
irréalisable aujourd'hui. Les plus hardis hésitaient.
Comment oserait-on, en effet, remuer ces masses
profondément atteintes par la maladie? Comment
pourrait-on, sans un péril extrême, les exposer
aux fatigues et aux privations de la mer ? Comment enfin parviendrait-on à entasser cinquante ou
soixante mille hommes sur une flotte plus cruelle-
ment décimée que l'armée elle-même ?

Le choléra n'avait point envahi seulement les
plaines de la Dobrutcha et les bivouacs à jamais
mémorables de Custendjé et de Manghalia. Vers le
milieu du mois il s'était répandu dans l'escadre
avec la même rapidité et la même violence. En
quelques heures nos batteries et nos faux ponts
furent encombrés de mourants. L'élite de nos hommes y tombait foudroyée. Vainement la plupart des
vaisseaux cherchèrent à s'arracher à l'étreinte du
mal. Ils appareillaient un à un pour fuir ces lieux
empoisonnés. Vain espoir ! stériles efforts ! Après
quelques jours de croisière à la mer, la *Ville de
Paris* comptait cent quatre-vingts décès; le *Montebello* dépassait le chiffre de deux cents ; en une
seule nuit, le *Britannia* jetait cent cadavres à la
mer. Ces chiffres avaient leur éloquence; ils ébran-
laient le courage des plus entreprenants.

Un mois auparavant le maréchal Saint-Arnaud
avait réuni un conseil de guerre à Varna. Lord

Raglan et les quatre amiraux y étaient convoqués. A l'unanimité on reconnut la nécessité de renoncer au premier plan de campagne. Poursuivre les Russes sur le Danube, c'était nous éloigner de la mer, notre base naturelle d'opérations ; c'était attaquer l'ennemi au centre même de ses propres réserves. De l'autre côté de la mer Noire, la Crimée offrait des points plus vulnérables, des côtes plus accessibles à notre armée et nos vaisseaux. Sébastopol était d'ailleurs la clef de la situation, le nœud gordien de la question d'Orient. Ce jour-là donc, sans opposition dans le conseil, l'expédition de Crimée fut décidée. Trois semaines suffisaient pour concentrer dans la rade de Varna la grande quantité de navires nécessaires à une aussi vaste entreprise. Le parc de siège, expédié de Toulon, devait arriver vers cette époque. Pendant ce temps et avec les ressources des ouvriers de l'escadre, l'amiral Hamelin se chargeait de faire construire dans le Bosphore les chalands ou bateaux plats destinés à opérer le débarquement des hommes, des chevaux et de l'artillerie.

Le 29 juillet, une seconde conférence eut lieu à Varna, présidée par le maréchal Saint-Arnaud. Lord Raglan, sir George Brown, l'amiral Lyons et les généraux Canrobert et Martimprey y assistaient. On fut d'avis de hâter par tous les moyens possibles les préparatifs de l'expédition. Dans ce but,

le maréchal se rendit à Constantinople pour exposer ses projets au sultan et lui demander le concours de sa flotte, de ses soldats et de ses arsenaux.
Une commission composée d'hommes spéciaux
était allée explorer la côte de Crimée depuis le cap
Tarkhan jusqu'à la baie de Théodosie. A cet effet,
la division Bruat et l'escadre de l'amiral Dundas
avaient appareillé de Baltchick et fait route vers
Sébastopol.

Cette croisière d'observation fut de courte durée.
Au bout de quelques jours, le général Canrobert
revenait en toute hâte recueillir à Custendjé les
débris de sa malheureuse division. Le choléra
envahissait tous les camps de Varna. L'incendie
dévorait un quartier de la ville et anéantissait, en
une seule nuit, nos principaux magasins d'approvisionnements. De toutes parts s'élevaient des
obstacles et des périls contre lesquels semblait
devoir se briser l'énergie des hommes. C'était au
milieu des difficultés sans cesse croissantes de
cette situation désastreuse qu'on arrivait au terme
fixé pour l'expédition de Crimée.

Dans tous les rangs de l'armée on n'avait plus
foi en l'avenir d'une campagne prochaine. Le
découragement gagnait les masses. Il était aisé de
prévoir que l'accord des conférences de Varna ne
pouvait exister et que les décisions d'un nouveau
conseil de guerre subiraient les modifications impé

rieusement commandées par les circonstances.
Ainsi l'on s'habituait peu à peu à l'idée d'un repos
prolongé. On acceptait la perspective de passer
l'hiver sans combattre. Personne ne voyait d'issue
à l'impasse où l'armée se trouvait en ce moment.

Seul le maréchal Saint-Arnaud ne désespéra
pas de l'avenir. A la hauteur de la responsa-
bilité qui pesait sur lui, il entrevit dans toute leur
étendue et sous toutes leurs faces les dangers divers qui l'environnaient. Au milieu même de l'épidémie qui moissonnait les soldats, il comprit que
la guerre et les fatigues seraient moins funestes
que le repos après une pareille crise. Se renfermer
dans les quartiers d'hiver sans avoir rencontré une
seule fois l'ennemi, c'était frapper d'inertie, anéantir peut-être les précieux éléments de force que la
France lui avait confiés. En campagne, d'ailleurs,
et à une aussi grande distance de la patrie, l'inaction
à l'égal d'un fléau exerce ses ravages; elle altère les
organisations vigoureuses et compromet la discipline des plus solides troupes. Les symptômes du
mal se révélaient déjà çà et là. Inébranlable dans
ses premiers desseins, le maréchal Saint-Arnaud
fit une large part, sans doute, aux chances contrai-
res de la fortune ; mais, confiant en son étoile, il
ne s'inspira que de la grandeur même du danger.
« Je suis sur un volcan, écrivait-il de Varna, mais
« n'importe ! je sauverai l'armée par un coup

« de tonnerre! » Et c'est ici, en effet, que commence à se dessiner sous son vrai jour le caractère militaire du général en chef de l'armée d'Orient. Ce fut le 26 août que se tint à Varna le dernier conseil de guerre, auquel furent convoqués les amiraux et les chefs des différents corps de l'armée. Comme on l'avait prévu, les avis avaient cessé d'être unanimes. Les opinions diverses qui y furent agitées avaient dans les camps des interprètes et des commentateurs ; elles étaient depuis longtemps le sujet ordinaire de tous les entretiens, le thème habituel des discussions vives et animées. En pareille matière, d'ailleurs, la liberté personnelle d'appréciation n'a rien d'incompatible avec la plus rigoureuse observation de la discipline et du devoir. — On ne se faisait point illusion, disait le plus grand nombre, sur les embarras et les dangers de la situation, mais on prévoyait des embarras et des dangers plus grands encore si l'on voulait en sortir brusquement en affrontant toutes les chances mauvaises que l'on avait contre soi. Quelque décimées que fussent nos troupes, on ne mettait point en doute leur solidité en face de l'ennemi : les premiers coups de canon auraient bientôt réveillé leur ardeur et leur enthousiasme. Mais se lancer au delà de la mer à la poursuite d'une bataille incertaine, sur une côte difficile, au centre même de la puissance russe, c'était livrer à l'in-

connu une trop large part. Les dernières reconnais-
sances avaient constaté la présence de camps nombreux dans les environs de Sébastopol.

Il fallait donc renoncer à opérer le débarquement près de la ville, sur les cours d'eau de
Belbeck et de la Katcha. Incalculables, en effet,
seraient les difficultés d'une descente de vive force,
sous le feu d'un ennemi appuyé, d'une part, sur
une place forte ; de l'autre, embusqué, retranché,
massé en colonnes profondes et tout prêt à refouler
à la mer les premières troupes que nous par-
viendrions à jeter sur la plage. Plus loin, vers
Eupatoria, la côte devenait d'un accès plus facile ;
mais les lagunes salées dont elle était bordée et
l'absence de sources suffisantes offraient un nou-
vel obstacle qu'il était également difficile de sur-
monter. Et dans ce cas, d'ailleurs, pour se porter
en avant dans un pays hostile et peu connu, il
fallait à l'armée de la cavalerie pour éclairer sa
marche ; il lui fallait en outre des moyens de transport dont elle était entièrement dépourvue. Enfin,
sous quelque face que l'on envisageât la question,
et en écartant même les conditions désastreuses
dans lesquelles on était placé, on cherchait vainement dans l'histoire l'exemple d'une expédition
atteignant d'aussi vastes proportions que celle
dans laquelle on allait s'engager. Tous les auteurs
compétents, tous les écrivains militaires étaient

d'accord sur ce point : c'est que, dans les opérations combinées de terre et de mer, il existait une
limite matérielle que l'on ne pouvait dépasser
pour se maintenir toujours dans des conditions
d'action avantageuses. Une armée de trente mille
hommes, avec le matériel de campagne qu'elle
comporte, semblait être la plus forte agglomération de troupes que l'on devait confier à une
flotte, quelque puissante d'ailleurs qu'elle pût être ;
encore fallait-il compter avec les éléments et choi-
sir avec soin la saison des calmes et des vents
favorables. Telles étaient en France les traditions
léguées par les expéditions glorieuses d'Egypte, de
Morée et d'Afrique.

Aujourd'hui on allait exposer près de quatre-
vingt-dix mille hommes et un matériel immense
aux vents de l'équinoxe et aux tempêtes d'une
mer étroite et dangereuse. Ce n'était pas seulement
le salut de l'armée qui était compromis, c'était
l'honneur des armes, l'honneur de la patrie elle-
même.

Heureusement, au sein même du conseil de guerre, la marine comptait un éloquent et habile inter-
prète : le chef d'état-major de l'escadre française
représentait à cette heure les idées qui depuis près
d'un an avaient cours dans la flotte alliée.

Ces idées, mieux que nul autre, le contre amiral
Bouët-Willaumez avait pu les étudier sous leurs

diverses faces et les approfondir dans leurs
moindres détails. Elles faisaient l'objet des conférences qu'il avait tous les jours avec les chefs des
différents services, et principalement avec l'in-
tendant de l'armée et avec les généraux du génie
et de l'artillerie.

Elles constituent aujourd'hui un monument
précieux qui permet de rendre à chacun la part
d'initiative qui lui est due dans les préparatifs de
cette glorieuse et difficile entreprise. Le recueil de
ces conférences peut présenter en outre des docu-
ments pratiques que l'on ne manquera jamais de
consulter toutes les fois qu'il s'agira de confier
de nouveau à la flotte le salut et la fortune d'une
armée d'invasion.

Grâce à ses communications incessantes avec
les chefs des flottes alliées, grâce à l'active et intelligente coopération de l'amiral Bouët-Willaumez, le maréchal de Saint-Arnaud avait pu juger
lui-même et résoudre définitivement la question
maritime avec cette rapidité de coup d'œil et cette
justesse d'appréciation qui, en temps de guerre,
constituent les trois quarts de l'homme de génie.
Aussi, plus de doute dans son esprit, plus d'hésitation
dans ses plans. A toutes les objections qui lui sont
présentées il répond que l'honneur des armées
alliées, l'honneur de la patrie, était beaucoup plus
compromis à Varna que dans n'importe quelle

4

expédition, si lointaine et si hasardée qu'elle pût
être. Ne serait-on venus à sept cents lieues de
France que pour se renfermer dans des quartiers
d'hiver et déclarer ainsi notre impuissance à atteindre jamais les frontières de la Russie? Avait-on
réfléchi à l'impression produite en Europe par un
semblable aveu ? Pendant tout le dernier hiver,
les Turcs n'avaient cessé de guerroyer sur le
Danube, et nous hésiterions à tenter un coup
d'audace pendant les deux mois de beau temps qui
nous restaient encore! L'épidémie touchait à son
terme, elle ne frappait plus que quelques victimes
chaque jour. Réduit à ces proportions, le choléra
était un hôte qu'il fallait désormais accepter dans
nos rangs. A toutes les époques et quelle que fût
d'ailleurs la nature du mal, c'était un tribut dont
n'avaient jamais pu s'affranchir, en Orient, les
armées d'invasion. La peste de Jaffa avait précédé
la bataille du mont Thabor, le choléra de Varna et
Custendjé n'arrêterait point nos soldats dans la
conquête de Sébastopol.

Quant aux difficultés pratiques, aux obstacles
matériels d'une pareille entreprise, on exagérait
singulièrement les chances défavorables d'une
traversée de quelques jours et les dangers d'un
débarquement sur une côte ennemie. Combien
plus réels et plus sérieux avaient été les obstacles
et les dangers vaincus dans les grandes expéditions

maritimes, dont on se plaisait à rappeler le souvenir. Avait-on oublié que l'escadre de Brueys, qui portait en Egypte Napoléon et son armée, n'avait échappé que par miracle à la croisière de Nelson? Malgré les avantages de la belle saison, l'immense flottille de l'amiral Duperré avait été dispersée par la tempête le lendemain de son départ de Toulon. Les vaisseaux avaient été assaillis par les vents du large à peine arrivés sur la côte, et cependant l'énergie des hommes avait triomphé des éléments. A Alexandrie comme à Sidi-Ferruch, les chances de la mer n'avaient point trahi la fortune de la France; et ce que l'on avait alors accompli avec les simples ressources des bâtiments à voiles, on hésitait aujourd'hui à l'entreprendre avec les immenses moyens d'action que le génie de l'industrie moderne livrait entre nos mains. On semblait trop souvent oublier, en vérité, la transformation que le développement subit de la vapeur avait apportée dans la tactique générale des armées et dans les grandes opérations de la guerre. C'était à ce puissant auxiliaire, il ne fallait point s'y méprendre, que l'on devait d'avoir pu devancer les Russes à Constantinople et de les avoir contraints ainsi à se replier derrière leurs frontières. C'était à lui encore qu'il fallait pendant quelques jours confier les destinées de l'armée. Le temps des rudes épreuves était passé : elles avaient été un avertis-

sement du ciel, elles seraient une leçon pour
l'avenir.

Dès ce moment on put se convaincre que
toute objection devenait superflue. Les membres
du conseil, ne cherchant plus à opposer leur appréciation personnelle à l'entraînante conviction
du général en chef, se séparèrent, décidés à suivre et à seconder de tous leurs efforts le mouvement qu'il n'était déjà plus en leur pouvoir d'arrêter. Les dernières dispositions furent prises et
les instructions les plus complètes communiquées
aux officiers de terre et de mer : sur deux
points à la fois l'embarquement s'effectuerait
par division, dans les journées des 30 et 31
août; le 1er septembre, ou le 2 au plus tard,
les flottes combinées se tiendraient prêtes à
lever l'ancre et à gagner le large; c'était de Varna
que partiraient la plus grande partie de l'armée
anglaise, notre matériel, nos chevaux et la première division, commandée par le général Canrobert; les trois autres divisions se rendraient par
terre sur les plateaux de Baltchick, et de là
seraient réparties sur les vaisseaux de l'escadre
française.

Dès le lendemain de la conférence, l'activité
redoubla sur tous les points. La dernière impul-
sion était donnée; le mouvement devint général
dans les camps, dans la ville, sur la rade et tout

le long de la côte, où se trouvaient échelonnés les
grands paquebots anglais retenus dans la mer
Noire en prévision d'une prochaine expédition.
Depuis un mois ils s'étaient éloignés de la ville
pour fuir l'épidémie. Au premier signal ils appa-
reillèrent en grand nombre et se rapprochèrent
du port pour recevoir les hommes et le matériel
qui leur étaient destinés. Dans le même but, le
Charlemagne et le *Jean Bart* partaient de Baltchick en même temps que la *Vengeance* et plusieurs vaisseaux de l'escadre Dundas. Les contre-
amiraux Lyons et Charner, dont les pavillons
flottaient à bord de l'*Agamemnon* et du *Napoléon*, étaient chargés de la formation et de la
direction supérieure des deux immenses convois.

On comprendra aisément l'importance qui se
rattachait aux mesures d'ordre observées dans la
répartition des troupes à bord de tous les bâtiments
de la flotte. Des dispositions prises à leur départ
dépendaient la rapidité des mouvements et les
chances de succès au moment de leur arrivée sur
la côte ennemie. A cet effet, l'escadre française
fut partagée en quatre groupes principaux, destinés à recevoir les quatre divisions de l'armée,
avec l'artillerie, les chevaux et les bagages indis-
pensables pour se porter en avant et tenir immédiatement la campagne. Dans l'ordre de marche,
chacun de ces groupes restait compacte et indépen-

dant et devait occuper le poste indiqué par le nu-
méro de la division qu'il représentait. En arrivant
au mouillage, ils se développeraient successivement sur quatre lignes parallèles au rivage, la
droite au sud, la gauche se reliant au nord avec
l'armée anglaise. Grâce à cette combinaison, pendant toute la durée de la traversée et pendant
l'opération même du débarquement, l'armée ne
cessait pas un seul instant de se trouver rangée
dans l'ordre naturel qu'elle devait conserver en
présence de l'ennemi. Le premier groupe fut composé des vaisseaux *la Ville de Paris*, portant le
pavillon de l'amiral Hamelin ; *le Montebello*, portant celui de l'amiral Bruat ; *le Napoléon, le
Charlemagne, le Henri Quatre* et *le Jean Bart.*
C'était le poste réservé à la division Canrobert,
dont les deux brigades Vinoy et Bourbaki com-
prenaient le 1er régiment de zouaves, les 1er et 9e
bataillons de chasseurs, les 7e, 20e et 27e régiments
d'infanterie de ligne. Ces troupes, réunies sur la
première ligne, en face du territoire ennemi,
devaient avoir l'honneur d'être les premières à
s'élancer sur la plage au signal convenu. Les
bâtiments qui les transportaient avaient en outre
la mission d'être constamment prêts à combattre
et à se porter immédiatement au feu, si la flotte
russe sortait du port de Sébastopol. Les vaisseaux
le Jupiter, le Suffren, l'Iéna, le Marengo et *le*

Friedland composaient le deuxième groupe et transportaient la division Bosquet, formée du 3e régiment de zouaves, du 3e bataillon de chasseurs, d'un régiment de tirailleurs algériens, du 7e léger et des 6e et 50e régiments d'infanterie de ligne. Sur les vaisseaux *Valmy*, *Ville de Marseille*, *Alger* et *Bayard* se trouvait la division du prince Napoléon, composée du 2e de zouaves, du 4e d'infanterie de marine, du 13e bataillon de chasseurs et des 20e et 22e régiments d'infanterie de ligne. Enfin la quatrième division, entièrement embarquée sur des frégates à vapeur à grande vitesse, formait un groupe de réserve destiné à opérer, avec plusieurs vaisseaux anglais, une diversion sur la côte pendant que le débarquement serait effectué réellement à quelques lieues plus loin. L'ensemble des troupes ainsi placées sous le commandement du général Forey comprenait le 5e bataillon de chasseurs, les 19e, 26e, 39e et 78e régiments d'infanterie de ligne. L'artillerie de réserve et les batteries divisionnaires étaient réparties sur douze frégates à vapeur, qui devaient s'intercaler entre chaque vaisseau et prêter ainsi le concours de leur remorque aux bâtiments à voiles des groupes respectifs auxquels elles étaient attachées.

L'ordre de marche avait été arrêté avec la plus minutieuse attention ; les circonstances diverses qui pouvaient se présenter dans la navigation avaient été prévues dans leurs moindres détails. Dans la supposition d'un temps calme ou d'une brise maniable, seules conditions admissibles pour se rapprocher de la côte ennemie, l'escadre appareillerait à la vapeur et se formerait sur deux longues colonnes conduites par les vaisseaux de tête *la Ville de Paris* et *le Montebello*. Sur leurs flancs se tiendraient échelonnés les bâtiments légers, servant de mouches et de répétiteurs. La flotte ottomane naviguerait sur une seule ligne dans le sud et par le travers de la flotte française. Si les vents du nord-est, généralement régnants à cette époque de l'année, s'élevaient avec violence, nos quinze vaisseaux, au signal de l'amiral en chef, largueraient les remorques, sortiraient de leurs groupes et viendraient se ranger sous le vent sur deux colonnes parallèles. Les Turcs continueraient à conserver leur position à droite, tandis que les Anglais et le convoi navigueraient à bonne distance sur notre gauche. Dans le cas d'un temps forcé, la baie d'Eupatoria, ouverte au sud, mais abritée contre les vents du nord, était indiquée comme le point général de rendez-vous et de refuge.

D'après les dispositions arrêtées pour l'embarquement de l'armée, il est facile de déduire le chiffre exact des troupes qui prenaient part à l'expédition de Crimée. Les bataillons, réduits à six cents hommes, ne portaient l'effectif des quatre divisions qu'à vingt-trois ou vingt-quatre mille hommes seulement. En comprenant le personnel du génie, de l'intendance et de l'artillerie, le chiffre total devait être évalué à vingt-six mille hommes environ. C'était à peu près la moitié des troupes arrivées à Varna dans les mois de juin et de juillet. Aussi, malgré les pertes considérables causées par les épidémies, on laissait derrière soi un corps de quinze à vingt mille hommes destiné à aller renforcer dans un très court délai les divisions réduites de l'armée de Crimée. A cet effet, la moitié des vaisseaux et les grands paquebots de commerce devaient revenir en toute hâte après avoir opéré leur premier débarquement sur la plage ennemie. De leur côté, les Anglais ne comptaient pas moins de trente mille hommes réunis à Varna. A aucune autre époque l'Angleterre n'avait mis sur pied une armée si nombreuse. Nous la verrons bientôt ne point borner là ses efforts et, dès le mois de décembre, élever jusqu'à cinquante mille hommes le chiffre des soldats expédiés en Orient. En ce moment, grâce à ses puissants moyens de transport, elle pouvait concourir à l'expédition de Crimée avec des forces égales et même supérieures aux nôtres de quelques milliers de soldats. Si l'on ajoute à cet ensemble les dix mille Turcs que le sultan avait offerts au maréchal Saint-Arnaud, on

voit que c'était avec une armée de plus de soixante
mille hommes que l'on allait envahir, de l'autre
côté de la mer Noire, une des plus riches provinces de l'empire ennemi.

Pendant ce temps, les vaisseaux mouillés à Baltchick achevaient les derniers préparatifs du départ.
À la veille d'un engagement possible avec les Russes, on se débarrassa de tous les malades, que l'on
évacua dans les maisons désertes du village. L'aspect de ces hôpitaux improvisés, de ces masures
converties en vastes ambulances, rendait plus sai-
sissantes à l'imagination les descriptions des misè-
res que l'ennemi avait rencontrées dans sa retraite
de Silistrie. On comprenait aisément comment,
dans sa marche rétrograde à travers les provinces,
il n'avait laissé derrière lui que des routes jon-
chées de morts et des villages encombrés de malades.

Des marins tout récemment envoyés de France
et de Constantinople étaient venus remplir les
vides et compléter les effectifs de nos équipages
décimés. On s'efforça, pendant les derniers jours
qui nous restaient encore, à les familiariser le plus
rapidement possible avec les divers postes qu'ils
devaient occuper dans un *branle-bas* de combat.
On les exerça sans relâche à la manœuvre des
voiles, du canon et des armes d'abordage. Telle est,
en effet, la condition rigoureuse dont on ne peut

s'écarter dans l'organisation du personnel de nos vaisseaux de ligne. Les éléments de force qui s'y trouvent sont multiples et divisés : ils n'agissent point seulement par leur nombre et par leur masse, ils doivent encore se combiner entre eux et concourir à cette harmonie générale d'action qui est, pour ainsi dire, l'intelligence et la vie de ces puissantes machines de guerre.

Les dispositions les plus minutieuses étaient prises pour le combat. Des filets étaient tendus sur le pont et dans les batteries. Qui pouvait affirmer, en effet, que l'escadre de Sébastopol resterait immobile au mouillage pendant que nous nous disposions à jeter en Crimée une armée d'invasion? Ne se déciderait-elle pas à tenter sur la mer un effort suprême et à venir demander à la fortune des armes, sinon la victoire, au moins le prix d'un sacrifice glorieux? Tomber sur nos convois, attaquer hardiment nos vaisseaux encombrés, n'était-ce pas le seul moyen de disperser l'orage qui allait fondre sur elle? En présence d'une pareille éventualité, quatorze vaisseaux, que l'on désigna sous le nom de *vaisseaux de combat*, reçurent l'ordre de se tenir prêts à sortir de la ligne et à se porter en avant, si on signalait à l'horizon une voile ennemie. C'était le nombre des vaisseaux de haut bord que l'on savait à l'ancre dans le port de Sébastopol. Plus riches que nous en grands paquebots de commerce, les Anglais avaient pu réserver leur escadre à peu près intacte et concourir à l'expédition sans changer la nature de leur flotte de guerre. Parmi nos vaisseaux, six seulement furent désignés pour se porter en ligne si la lutte venait à s'engager. Chacun d'eux ne recevait à bord, pendant la traversée, qu'un bataillon réduit à six cents hommes. C'était la limite qu'il ne fallait pas dépasser, si l'on voulait éviter l'encombrement des ponts et se maintenir dans des conditions favorables pour combattre. Dans ces proportions, une partie des soldats passagers pouvait être placée à l'abri pendant l'action, tandis que l'autre serait utilisée à la mousqueterie, au passage des poudres, à l'armement et à la manœuvre des canons.

Des essais, plusieurs fois répétés à Varna, avaient démontré l'efficacité du système adopté pour jeter rapidement sur la plage les hommes, l'artilllerie et les chevaux. C'étaient tout simplement des bateaux plats rectangulaires, n'enfonçant que de quelques pouces dans l'eau et pouvant contenir une pièce de campagne attelée, ou cent vingt-cinq **hommes** avec leurs armes et leurs sacs. Un panneau plein, mobile sur charnières, formait la partie verticale d'un des petits côtés. Il se rabattait horizontalement une fois accosté au rivage, et ouvrait ainsi une large issue sur le tablier d'un pont improvisé. L'idée première de ce mode de transport et de débarquement remontait à une autre époque. L'application en avait été faite avec un plein succès, vingt-quatre ans auparavant, sur la plage de Sidi-Ferruch. L'amiral Hamelin, son chef d'état-major et tous les officiers qui avaient pris part à l'expédition de 1830 ne doutèrent point du résultat. Mais telle est l'influence des idées préconçues, telle est la dissidence d'opinion dans les choses pratiques les plus simples et les plus naturelles, que ce système, par le fait même de son extrême simplicité, fut critiqué par tous les hommes sérieux et compétents qui n'avaient pas été témoins eux-mêmes des avantages qu'on en avait autrefois retirés. Les Anglais ne le jugèrent pas praticable en dehors d'une rade fermée et d'une mer parfaitement tranquille. Ils crurent plus facile d'arriver au même but en utilisant les *caïques* et les *mahones* du Bosphore, qu'ils réunirent à cet effet en grande quantité. Ils les assemblaient par couples de même dimension, qu'ils consolidaient à l'aide de traverses, et ils établissaient ensuite par-dessus les plateformes carrées destinées à recevoir les troupes et le matériel de débarquement. L'expérience fit connaître plus tard ce qu'un pareil système offrait de défectueux dans la pratique. Ces assemblages de bateaux accouplés ne se comportaient pas mieux que nos chalands dans une mer

houleuse. Leur tirant d'eau considérable les rete-
nait échoués assez loin du rivage, dans l'impossi-
bilité de se débarrasser des chevaux et de l'artillerie. Nous verrons, en effet, dans les journées du
15 et du 16 septembre, les Anglais, surpris par les
vents du large, recourir à nos propres moyens
pour assurer le débarquement de l'armée sur la
plage d'Old-Fort.

Dans la matinée du 30 août, les troupes parties
de Varna commencèrent à paraître sur les hauteurs de Baltchick. Elles formaient la division du
général Bosquet, qui précédait d'une journée de
marche la division du prince Napoléon et la division du général Forey. Pendant trente-six heures
les deux brigades restèrent campées entre l'aiguade
et le village, au milieu des jardins qui couronnent
les grandes falaises blanches devant lesquelles
l'escadre anglo-française stationnait depuis cinq
mois. Dans cette partie, comme nous l'avons déjà
fait remarquer, l'ensemble de la côte n'offre pas
le caractère de tristesse et de désolation que l'on
rencontre plus loin, du côté de Kavarna et de Manghalia. La nature, au contraire, y paraît assez riche
en paysages riants, en sites variés. Un terrain
accidenté, sillonné de cours d'eau, entrecoupé de
massifs de verdure et de champs cultivés; çà et là
des vergers encore respectés, et, dans le fond, de
grands bois limitant l'horizon, tel est l'aspect

qu'offraient les environs du ravin d'où jaillissait
la belle source qui servait d'aiguade aux vaisseaux
de l'escadre. Dans le creux du vallon, sur les bords
du ruisseau, on ne rencontrait que quelques moulins délabrés et quelques maisonnettes bulgares
entourées de vignes et de cerisiers. C'étaient les
seules habitations de cette retraite si longtemps
paisible et solitaire, aujourd'hui retentissante du
bruit des armes, toute peuplée de milliers d'hommes qu'attiraient la limpidité de ses eaux et la
fraîcheur de ses ombrages. En ce moment, d'ailleurs, on semblait délivré des chaleurs tropicales
dont on avait eu si longtemps à souffrir à Varna.
A une atmosphère brûlante avait succédé une légère brise du nord, qui annonçait l'approche d'une
saison meilleure. Il est des journées, en effet, où
l'on retrouve dans l'air que l'on respire les éléments d'une vigueur nouvelle. Telle est, dans la
vie militaire, l'intime corrélation qui existe souvent entre les forces du corps et celles de l'esprit.
On était à peine à six lieues de Varna, et déjà les
souffrances passées n'étaient plus qu'un songe que
la première marche en avant semblait avoir dissi-
pé. L'ardeur et la gaîté renaissaient à chaque pas
que l'on faisait dans cette voie nouvelle. La force
d'inertie était enfin vaincue. Le soldat voyait devant lui l'horizon s'agrandir au gré de ses désirs.
Prêt à franchir la mer, l'avenir lui apparaissait

de nouveau entouré du merveilleux attrait des choses inconnues.

Les divisions successivement parties de Varna arrivèrent dans la journée du lendemain, campèrent sous la tente et se disposèrent à passer la nuit sur le plateau. Pendant ce temps, les brigades du général Bosquet, rangées en ordre de bataille, attendaient sur la plage le signal convenu pour commencer entre la terre et les vaisseaux le transbordement à l'aide des chaloupes et des chalands. L'*Iéna*, le *Friedland*, le *Marengo*, le *Jupiter* et le le *Suffren* étaient désignés pour recevoir les troupes de cette division. Dans le but de faciliter et d'activer le mouvement, ils avaient quitté leur poste et s'étaient rapprochés du rivage. Grâce aux moyens dont on disposait, l'opération s'effectua en quelques heures, dans le même ordre que l'on devait observer en débarquant sur la plage ennemie. Pendant toute la nuit la côte, sur une grande étendue, se garnit de feux de bivouac. La ligne des camps se prolongeait encore au delà de l'aiguade à plusieurs milles dans le sud. Deux divisions anglaises venaient, en effet, s'embarquer à ce point pour éviter l'encombrement des abords de Varna. Le lendemain matin l'opération recommença dans le même ordre que la veille. A midi la côte était déserte, les troupes embarquées, la plus grande partie de l'escadre rendue à son poste, prête à exécuter le signal du départ.

Ce ne fut cependant que dans la soirée de ce jour que les vaisseaux du premier groupe reçurent à bord les régiments de la division Canrobert. Ils arrivèrent à Baltchick encore sous la vive impression d'un événement malheureux dont ils avaient été les témoins au moment de leur embarquement à Varna. Un chaland chargé de cent vingt hommes appartenant au 1er de zouaves et remorqué par des embarcations légères avait été abordé et coulé sur place par un bâtiment turc qui rentrait à toute vapeur dans le port. Malgré les secours les plus immédiats, considérable cependant avait été le nombre des victimes. Indépendamment des conséquences fâcheuses d'une perte qui n'était que trop réelle, on avait à redouter l'impression, également funeste, qu'un pareil accident ne pouvait manquer de produire dans les circonstances présentes. Certes, quelque vigueur qu'eussent déjà montrée nos soldats, le spectacle de leurs camarades sombrant sous leurs yeux pouvait ébranler leur confiance et leur paraître d'un sinistre augure, au moment où ils allaient eux-mêmes, immobiles et entassés dans de frêles canots, courir les chances d'un débarquement jusque sous le feu des batteries ennemies. Heureusement, au milieu des dangers de la guerre et grâce à la précieuse insouciance du caractère français, de telles émo-

5

tions sont aussi vives qu'elles sont promptes à
s'effacer.

Le temps superbe qui avait favorisé jusque-là
les préparatifs de l'expédition semblait promettre
encore une série de beaux jours et de vents favorables. Des groupes de navires affectés aux différents services de l'armée appareillaient à chaque
instant du port de Varna et venaient se former au
mouillage de Baltchick suivant l'ordre qu'ils devaient occuper dans la marche générale du convoi.
C'est ainsi qu'au milieu d'une nuée de bricks et de
goëlettes transformés en bateaux-écuries se trouvaient échelonnées les grandes frégates à vapeur
chargées de l'artillerie de réserve et des batteries
de campagne des quatre divisions. En dehors, sur
une ligne un peu plus éloignée, les frégates à
voile étaient exclusivement réservées au matériel
encombrant des troupes du génie. Elles emportaient des fascines, des sacs et des gabions en
quantité suffisante pour couvrir et retrancher
rapidement l'armée, si sa position sur la plage
devenait inquiétante. C'était à de pareils travaux
que les Turcs avaient dû leurs principaux succès
sur le Danube. Leur date était récente et les
victoires de Kalafat et Citaté prouvaient une fois
encore que la pelle et la pioche, dans les guerres
modernes, peuvent jouer un rôle égal à celui du
canon.

L'escadre turco-égyptienne, longtemps immobile dans les eaux du Bosphore, rejoignit à cette époque les flottes alliées. Elle se composait de huit vaisseaux de ligne, dont un, le *Mahmoudié*, portait cent vingt canons. Là ne se bornait pas seulement la part que le sultan Abd-ul-Medjid désirait prendre dans l'expédition de Crimée : à l'armement de ses vaisseaux il ajoutait un corps de dix mille hommes choisis parmi les meilleures troupes de son armée. Ce fut au moment des fêtes du baïram que l'escadre ottomane arriva à Baltchick. Au milieu des préparatifs de la guerre, nos alliés ne négligèrent rien des traditions sacrées de l'islam. Pendant le jour, leurs vaisseaux restèrent pavoisés des couleurs nationales. La nuit venue, les batteries s'illuminèrent et les gréements se dessinèrent en guirlandes de feu. Pour la première fois les vaisseaux du sultan allaient tenir la mer à côté des escadres longtemps exercées de l'Angleterre et de la France. De part et d'autre l'épreuve ne pouvait manquer d'offrir un intérêt réel. Ce n'est pas dans un port, on le sait, qu'on parvient à se former aux manœuvres d'ensemble. On n'y improvise pas davantage les équipages et les chefs destinés à tenir leur poste dans les évolutions, toujours fort délicates, d'une flotte nombreuse. Aussi était-il permis de douter de l'organisation navale d'un peuple qui ne comptait

que par désastres les guerres maritimes qu'il
avait entreprises. Constamment le sort des armes
sur mer avait trahi son courage, depuis les temps
glorieux des Sélim et des Soliman jusqu'aux
époques les plus récentes. Lépante, Tchesmé,
Ochakow, Navarin et Sinope étaient autant de
dates mémorables qui, à de longs intervalles,
devaient rappeler aux successeurs d'Osman que la
valeur ne suffit pas pour gagner des batailles et
rester maître de l'empire des mers. Le sultan
Mahmoud, et après lui son fils Abd-ul-Medjid, s'é-
taient efforcés d'appliquer les progrès de la science
moderne au matériel et à l'armement de leur
armée navale. Au début de la guerre, la Turquie
possédait une flotte à vapeur bien supérieure en
nombre à celle que les Russes pouvaient lui opposer dans la mer Noire. Elle se composait de grandes
et belles frégates, dont la construction avait été
confiée à l'industrie anglaise. Elles étaient armées
d'une artillerie puissante, et, comme les nôtres,
elles pouvaient transporter aisément douze ou
quinze cents hommes. Un très petit nombre de ces
beaux steamers avait disparu dans le désastre de
Sinope. Quant aux vaisseaux de ligne, l'ensemble
offrait plus d'apparence que de réalité. Construits,
pour la plupart, sur les meilleurs modèles du génie maritime français, ils ne laissaient, au premier
aspect, que fort peu de prise à la critique. Vus de

plus près et dans leurs détails, on ne tardait pas à reconnaître l'insuffisance de leurs moyens d'action et la faiblesse de leur organisation militaire. Là où n'existent point des traditions solidement établies, la discipline la plus sévère ne parvient pas à remplacer ce lien puissant qui, par des gradations insensibles, réunit le simple matelot au commandant en chef. Le vice que l'on a souvent signalé dans les rangs de l'armée ottomane se fait sentir bien davantage encore à bord de leurs vaisseaux. On y trouve des gens de cœur, pleins de courage et d'énergie; mais vainement on cherche à côté d'eux des officiers instruits, capables, intelligents, dignes, en un mot, de l'honneur qui leur est confié.

C'est ainsi que, malgré l'ardeur des équipages, malgré leur habileté à manœuvrer les pièces dans les jours d'exercice, l'escadre turque était d'avance condamnée à un échec certain, si elle s'était trouvée toute seule engagée avec un ennemi sérieux : la multiplicité des calibres de son artillerie devait nuire à la promptitude du tir, paralyser la puissance des coups. Quant aux dispositions susceptibles d'arrêter l'incendie et de prévenir les chances d'explosion, on ne semblait même pas se douter de l'existence du danger : les précautions les plus élémentaires étaient entièrement négligées dans le passage des poudres, dans le maniement des projectiles creux, dans l'emménagement général des munitions de guerre. En parcourant les batteries armées de vieux canons en bronze, de lourdes pièces en fer, de caronades et d'obusiers de toutes les époques, on se trouvait en face de tous les errements du passé, sous l'empire encore dominant du vieux fatalisme musulman. Ce n'est point ailleurs qu'il faut aller chercher les causes des fautes et des désastres dont l'histoire maritime des Turcs offre de si nombreux exemples.

Le 2 septembre, ainsi qu'il avait été convenu entre les généraux alliés, toute l'escadre française était prête à appareiller. Dès la veille au soir, le maréchal s'était rendu à bord de la *Ville de Paris*, accompagné du général Canrobert et des officiers de son état-major. Ce fut en vain que l'on attendit le signal de départ que devait hisser l'amiral Hamelin : retenus à Varna par des difficultés imprévues, les Anglais demandaient deux jours encore pour organiser leur convoi et terminer l'embarquement de leur matériel. Quelque insignifiant qu'eût été ce délai en des temps ordinaires, nos alliés cependant durent autant que nous en regretter la cause. Le ciel était superbe, la mer calme, la brise favorable aux mouvements d'une flotte nombreuse : on comprenait en ce moment que tout retard pouvait être funeste et que, dans les circonstances de la navigation, chaque heure de temps perdu devient une chance mauvaise pour l'avenir.

Pendant ces deux journées, comme il arrive toujours dans les moments de calme qui précèdent l'exécution d'une grande entreprise, des bruits étranges et contradictoires se répandirent sur les mouvements imprévus de l'armée ennemie. Les points accessibles de la Crimée se garnissaient de troupes, les difficultés à vaincre grandissaient d'heure en heure. D'après les rapports de quelques capitaines marchands récemment partis d'Odessa, l'armée de Bessarabie marchait sur Pérécop, des milliers d'hommes traversaient chaque jour les bouches du Dnieper pour se rendre à Kherson. Plusieurs personnes ajoutaient que des vaisseaux armés à Nicolaiw, trompant la vigilance de nos croiseurs, avaient réussi à introduire de grands renforts de troupes dans le port de Sébastopol. En même temps, un corps de quarante-six mille hommes était réuni dans les environs d'Odessa. La ville s'attendait à une nouvelle attaque des flottes combinées. Le gouverneur Krusenstern en avait signalé le danger, et, fidèle aux traditions du passé, il ordonnait à tous les habitants d'être prêts aux plus grands sacrifices, si leurs efforts devenaient impuissants à combattre l'artillerie des vaisseaux alliés : « Nous nous retirerons à Tirasopol après « avoir réduit nos maisons en cendres, afin que

« l'ennemi ne puisse pas y trouver un abri. Mal-
« heur à celui d'entre vous qui resterait en arrière
« pour éteindre le feu ! » C'était avec le même em-
pressement que l'on accueillait les récits d'un officier turc qui arrivait de Crimée, où il avait été
retenu prisonnier de guerre depuis l'affaire de
Sinope. Le prince Menschikoff l'avait appelé près
de lui, lui avait montré en partie ses moyens de
défense, ses positions inaccessibles, ses ressources
presque sans limites. « Je vous renvoie à Varna,
« lui aurait-il dit, pour que vous racontiez aux
« généraux alliés ce que vous avez vu ! Leurs
« projets, les forces dont ils disposent, sont connus
« de nous. Dites-leur qu'ils peuvent s'avancer
« quand il leur plaira : tout est prêt ici pour les
« recevoir. »

Malgré leur invraisemblance et l'exagération qui
dénaturait la vérité des faits, de pareilles nouvelles
trouvaient partout un accès facile. Elles se répandaient dans les masses en subissant toutes les
transformations dans lesquelles l'imagination joue
un plus grand rôle que la réalité. Jugées froide-
ment en dehors de la suite naturelle des événements, elles peuvent servir à rappeler les préoccupations du moment et à constater les symptômes
de l'anxiété générale qu'inspiraient à juste titre
les incertitudes de l'avenir.

Heureusement le courrier de France apporta à

la même époque des nouvelles plus positives et
d'un intérêt non moins puissant. Bomarsund était
pris ; deux mille hommes et deux cents bouches à
feu étaient au pouvoir dés flottes alliées. L'épreuve
paraissait décisive ; le premier succès avait été
complet. Les tours de granit, les remparts chargés
de canons, n'avaient pas résisté à trois jours de
tranchée ouverte. Comment les citadelles casema-
tées de Sébastopol pourraient-elles tenir longtemps
contre les forces encore plus écrasantes que l'on
avait réunies dans la mer Noire? Par une heureuse coïncidence, le même courrier nous fit connaître la proclamation que l'empereur Napoléon,
adressait de Bayonne à l'armée d'Orient. La lec-
ture en fut donnée à bord de chaque vaisseau
aux équipages et aux soldats assemblés sur le pont.
L'émotion ne fut point feinte ni commandée ; elle se
traduisit par des acclamations bruyantes et les cris
répétés de vive la France et vive l'Empereur? Il
est des hommes, en effet, qui ont le privilége de
donner à leur parole le caractère de grandeur et de
simplicité qui séduit les intelligences d'élite et les
intelligences les plus vulgaires. Ces hommes ont
le secret du cœur ; ils savent à leur gré remuer
les masses, dominer les passions et réveiller tous
les nobles instincts.

Le 5, les vaisseaux anglais n'avaient pas ter-
miné leurs préparatifs de départ. Les transports

longtemps attendus de Malte arrivaient à peine
à Varna. L'amiral Dundas s'était vainement
efforcé de hâter l'embarquement de sa cavalerie.
Toutefois, malgré ces causes de retard, il s'enga-
geait à être prêt avant la fin du jour et à gagner
immédiatement le large. Le temps était superbe,
la brise soufflait de terre, l'amiral Hamelin ne
crut pas devoir différer plus longtemps. A sept
heures du matin, il fit à l'escadre française et à la
division ottomane le signal d'appareiller à la voile,
en commençant le mouvement par les vaisseaux
mouillés le plus en dehors de la masse compacte
qui couvrait en ce moment la rade de Baltchick.
Par un heureux hasard, ou, disons mieux, grâce
à l'habileté des capitaines, pas un accident ne re-
tarda l'exécution de cet ordre, malgré les nombreuses difficultés que présentait le dédale d'obstacles au milieu desquels on était obligé de
manœuvrer avec une précision rigoureuse. En
moins de vingt-cinq minutes, vingt-deux vaisseaux
de ligne, autant de frégates et d'avisos légers
se trouvèrent sous voiles, rangés sur trois colonnes et naviguant *bâbord amure,* à la distance
prescrite de deux encâblures environ. Pour la
première fois depuis la prise de son commandement, l'amiral Hamelin hissa au grand mât le signal général de *satisfaction de manœuvre.* La
réserve habituelle de ce chef, sa nature froide, im-

passible, muette, entouraient d'un certain prestige
ce témoignage inusité d'éloges et de remercîment,
que chacun, d'ailleurs, croyait avoir dignement
mérité.

Les remorqueurs et les bâtiments de transport
restèrent à Baltchick, attendant au mouillage le
mouvement de la flotte alliée. Leur réunion avec
nos vaisseaux devait s'opérer à la mer, et l'île des
Serpents fut le rendez-vous désigné, à trente milles au large des bouches du Danube. Ce premier
changement dans le plan adopté ne modifiait en
rien d'ailleurs l'ordre général de remorque que l'on
devait observer en se rapprochant du territoire ennemi. C'était tout simplement une mesure qui n'a-
vait d'autre but que celui d'éviter aux bateaux à
vapeur l'inutile dépense de vingt-quatre heures
de chauffe.

Pendant la première journée, l'escadre suivit
diverses routes sous petite voilure et en se main-
tenant en vue et à moyenne distance de la côte. A
quatre heures, on signale de gouverner au nord-
est, et à la tombée de la nuit la terre disparaît à
l'horizon. Le lendemain, la brise du nord ne nous
permet pas de gagner beaucoup dans la route indiquée. Les trois colonnes naviguent en bon ordre ;
elles *virent de bord* à midi, prennent la *panne*
pendant deux ou trois heures ; mais c'est en vain
que les vigies ont reçu l'ordre de veiller du côté

de Varna, rien ne paraît dans cette direction. Le
Caton quitte son poste dans la soirée et va porter
à lord Raglan une lettre dans laquelle le maréchal
expose tous les inconvénients qui peuvent résulter
d'un retard plus longtemps prolongé.

Le 7, mêmes manœuvres que la veille, même
impatience générale et même déception. Malgré la
brise favorable qui s'établit au sud, l'escadre reste
en *panne* une partie du jour, attendant toujours
le convoi et la flottille alliée. Elle est parvenue
cependant à la hauteur de l'île des Serpents et n'a
rencontré d'autre voile que la corvette anglaise le
Niger, chargée de la croisière des bouches du Danube. L'amiral Hamelin se décide à expédier le
Primauguet à l'amiral Dundas. La troisième journée va s'écouler depuis notre départ de Baltchick.
Le temps n'a pas cessé de rester favorable. Rien,
en vérité, ne peut expliquer les causes d'un retard qui prolonge une situation pleine d'incertitude et de danger. Le choléra sévit encore sur
plusieurs vaisseaux de la division turque. Parmi
les nôtres, *le Valmy* et *le Bayard* ont déjà jeté
plusieurs hommes à la mer. Heureusement, dans
la soirée, le retour du *Caton* annonce enfin le départ des deux convois ; ils sont en marche depuis
sept heures du matin et arrivent précédés de l'escadre de l'amiral Dundas.

Le 8, en effet, dès la pointe du jour, l'horizon

dans l'ouest s'embrume et se recouvre d'un voile
de fumée. *Le Primauguet* le premier, en ralliant
l'escadre, signale une flotte nombreuse se diri-
geant vers nous. Ce n'est d'abord qu'une masse
confuse qui grandit et s'approche ; bientôt les
énormes trois-ponts, en tête du convoi, se dessinent au milieu d'une forêt de vergues et de mâts.
Au premier rang, c'est *la Britannia* remorqué
par *la Retribution*. On reconnaît bientôt *le Queen*
et *le Terrible*, *le Trafalgar*, *l'Agamemnon*, *le
Sans-Pareil*, tous les vaisseaux enfin de l'escadre
Dundas. Sur la droite, nos remorqueurs et nos
transports se développent sur deux colonnes parallèles. En tête est *le Napoléon*. Il s'avance entouré
d'un groupe de navires qu'il entraîne avec
lui. Vers le milieu du jour, les têtes de colonne
arrivent à la hauteur de l'escadre française.
La brise a repassé au nord, la mer devient houleuse. Après un virement de bord, l'amiral Hamelin ordonne à ses vaisseaux de mettre en *panne*,
pour permettre au convoi de nous passer à poupe
sans couper notre ligne. Ici commence à s'offrir à
nos yeux une de ces grandes scènes maritimes qui
se déroulèrent successivement devant nous pendant la première partie de l'expédition de Crimée.
Il est des spectacles que la plume est impuissante à décrire, mais dont le souvenir reste éter-
nellement gravé dans la mémoire de ceux qui y

ont assisté. En ce moment, en effet, une flotte de plus de quarante mille hommes, rangée sur trois colonnes et immobile au milieu de la mer, assistait au dénombrement solennel d'une flotte également nombreuse qui venait se joindre à elle à cinquante lieues de la côte ennemie. Jusqu'à la nuit, trois lignes compactes de navires défilèrent lentement près de nous ; elles se dirigeaient du sud au nord et embrassaient, en se développant, les deux limites extrêmes de l'horizon.

Dès le moment de leur jonction, les amiraux et les généraux des deux armées se réunirent en conférence à bord de *la Ville de Paris*. Il fut tout d'abord décidé qu'une nouvelle exploration était indispensable pour reconnaître le point le plus favorable à un débarquement. A cet effet, les généraux Canrobert, Bizot-Thiry et Martimprey, accompagnés de l'amiral Bruat et des colonels Lebœuf et Trochu, partirent à cinq heures du soir sur la corvette *le Primauguet*. En même temps, lord Raglan et les généraux Brown et Burgoine s'embarquèrent sur *le Caradoc*, escortés par *le Samson* et le vaisseau *l'Agamemnon*, qui portait le pavillon de l'amiral Lyons. Le maréchal Saint-Arnaud ne put s'associer à cette exploration, qui allait décider en partie du sort de la campagne. Il était retenu dans son lit par des souffrances physiques qui dominaient sans l'affaiblir son indomptable

énergie. Bien qu'il eût déclaré s'en rapporter en
dernier ressort à la décision des généraux en mission, son opinion cependant n'avait point varié.
C'était toujours sous les murs de Sébastopol qu'il
fallait aller surprendre l'ennemi. Qu'importaient
les camps et les rassemblements de troupes qu'on
avait signalés à la Katcha et à Belbeck ! Contre les
moyens d'action que l'on avait sous la main, la
résistance ne pouvait être de bien longue durée.
Un débarquement de vive force nous coûterait
quelques milliers d'hommes, il est vrai ; mais, en
nous évitant les lenteurs et les dangers de plusieurs jours de marche, il nous permettrait de
profiter de tous les avantages d'un premier succès.
Lord Raglan, on le sait, restait invinciblement
attaché à l'opinion contraire.

En attendant le retour de l'amiral Bruat, les
deux convois et les vaisseaux anglais continuent
leur route vers le nord en se séparant de nouveau
de l'escadre française. Ils se dirigent ainsi, toujours à la vapeur, vers le rendez-vous signalé,
dans l'ouest du cap Tarkhan. Contrariés par la
brise pendant les deux journées suivantes et obligés de naviguer avec les vaisseaux ottomans, nous
ne nous avançons que lentement vers le point de
notre ralliement.

Malgré la monotonie du séjour à la mer, il était
facile de reconnaître la transformation que l'arri-

vée de la flotte anglaise avait produite dans l'esprit des équipages et des soldats. Le temps qui s'était écoulé entre notre départ et la réunion des escadres avait été une période d'attente pleine de doute et d'anxiété. On s'était demandé bien des fois s'il ne fallait pas chercher autre part qu'à Varna les causes réelles qui retenaient si longtemps les Anglais loin de nous. Jusqu'au dernier moment on semblait redouter l'opposition du gouvernement britannique. On craignait de voir, à la suite d'un contre-ordre subit, l'indécision changer en résistance. Mais aujourd'hui de pareils doutes n'étaient plus admissibles. On n'avait plus à regarder en arrière ; chaque heure nous rapprochait du but. Parmi les masses d'hommes entassés à bord de nos vaisseaux, l'insouciance et la gaîté succédèrent promptement aux préoccupations des journées précédentes. L'état de la mer favorisait d'ailleurs les manifestations de la joie générale. L'impression du moment se traduisait en chansons bruyantes. Elles trouvaient de l'écho sur nos *gaillards d'avant* et retentissaient sur le pont jusqu'à une heure avancée de la nuit. L'aspect de la dunette offrait un tableau non moins piquant et non moins varié. Soixante ou quatre-vingts officiers étaient les nouveaux hôtes qui peuplaient en ce moment la *grand'-chambre* de nos vaisseaux. La conversation y était vive et bruyante, la discussion pleine de verve et de gaîté. Au fond, le même esprit, les mêmes sentiments animaient tous ces groupes divers qui pendant la soirée venaient se réunir autour d'une longue table couverte de livres, de cartes et de journaux. Et qu'on nous pardonne ici de consacrer un instant au souvenir des heures écoulées au milieu de ces vaillants jeunes hommes, l'orgueil et l'espoir de la France, l'élite de la marine et de l'armée. La vie du bord, comme celle des camps, se prête admirablement aux relations faciles, aux amitiés promptes à se nouer, mais solides et durables, comme tout ce qui naît dans l'expansion des nobles instincts et des idées généreuses. A son insu l'homme y subit l'influence des grands spectacles qui l'environnent. Aussi comprendra-t-on sans peine que la nature la plus froide puisse se laisser aller à l'enthousiasme et s'élever à la hauteur des grandes conceptions et des grands sacrifices dans ces réunions d'hommes de science et d'action, brillante pléiade d'officiers d'Afrique, héros de Laghouat et de Zaatcha, entourés de tout le prestige de la jeunesse, de la valeur et de l'intelligence. Les récits du passé se mêlaient aux préoccupations du présent. Parfois aussi on abandonnait les idées de gloire et les plans de bataille pour se reporter vers la France, vers le souvenir des tendres affections ;

6

on se surprenait rêvant des horizons de calme et
de tranquille félicité ! Salutaires attendrissements
du cœur, en vérité ! vivifiantes rêveries, qui sou-
tiennent l'homme dans ses marches lointaines et
l'affermissent dans l'accomplissement de sa tâche
et de son devoir !

Le 11, un temps à grains nous pousse vers le
nord. En approchant du lieu de rendez-vous, on
aperçoit à l'horizon la fumée du convoi. En même
temps on signale du côté opposé l'arrivée des
quatre bâtiments envoyés en exploration sur la
côte. La commission avait parcouru le littoral
dans ses moindres détails, depuis la pointe Chersonèse jusqu'à Eupatoria. Rien n'est changé dans
les dispositions de défense de Sébastopol : les
vaisseaux sont immobiles dans le port, mais les
environs de la ville se garnissent de troupes.
Elles occupent, comme précédemment, les lignes
de la Katcha et du Belbeck. Plus loin, sur les
hauteurs de l'Alma, des camps nombreux s'étendent sur les hauteurs qui dominent le cours de la
rivière. Ces forces présentent un ensemble de trente
ou quarante mille hommes.

En remontant vers le nord, à égale distance de
l'Alma et d'Eupatoria, on reconnut une plage de
sable, d'un accès facile sur une étendue de huit
milles. Quelques falaises abruptes en interrompent
le contour ; mais elles se terminent en pentes

douces, en s'appuyant sur des lagunes intérieures
qui rendent impossible du côté de la terre une
résistance sérieuse ou une attaque imprévue.
Dans de pareilles conditions, le débarquement
de l'armée et de son matériel pourra toujours
s'effectuer avec toutes les garanties de succès. La
commission a atteint le but de ses recherches.
Elle termina le cours de son exploration en lon-
geant encore la côte pendant quelques milles au
nord et contournant la vaste baie au fond de
laquelle la ville d'Eupatoria est bâtie. L'uniformité
du terrain permet de découvrir de loin tous les
mouvements de la plaine. Aucun rassemblement
de troupes n'apparaît dans cette direction. La
ville elle-même semble dépourvue de soldats ; son
occupation immédiate par quelques-uns de nos
régiments nous offre, dès le début, un point d'ap-
pui solide à proximité du lieu choisi pour le
débarquement. Tel est le plan qui, dans la journée
du 11 septembre, fut soumis à l'approbation du
maréchal et des amiraux Dundas et Hamelin. Ce
ne fut qu'à regret que le maréchal Saint-Arnaud renonça à son idée première, à l'espoir qu'il
conservait toujours de débarquer dans les environs de Sébastopol. Il céda aux instances de lord
Raglan, et adopta les conclusions à peu près unanimes des divers membres de la commission.

En approchant de la côte, *la Ville de Paris*

signale à tous les bâtiments de la flotte que le
débarquement aurait lieu par le quarante-cinquiè-
me degré de latitude, au point marqué *Old-Fort*
sur les cartes anglaises. On se trouvait encore à la
hauteur du cap Tarkhan, à cinquante milles environ d'Eupatoria. Il était temps de former les
lignes de remorque et d'organiser les groupes du
convoi dans l'ordre de marche adopté à Varna.
Dans ce but, l'amiral ordonna à ses vaisseaux de
mouiller au poste qu'ils occupent; ils doivent être
prêts à appareiller de nouveau le lendemain matin, attelés aux bateaux à vapeur, qui pendant la
nuit viendront se ranger devant eux à portée de
remorque. Les terres de Crimée ne se dessinent
point encore à l'horizon. Aucune voile suspecte
ne s'est montrée dans la journée. C'est donc à
quelques lieues à peine de la plage ennemie que
s'opère le ralliement général des flottes alliées,
sans que rien encore ait pu donner aux vigies
de la côte l'éveil de notre approche et de nos
mouvements.

La population des campagnes et les habitants
d'Eupatoria semblent vivre dans l'ignorance la
plus complète du danger qui s'approche. Si grande
est encore leur confiance, qu'à l'endroit même où
va s'effectuer notre débarquement, le *Caradoc* a
rencontré des groupes de promeneurs paisibles,
des voitures élégantes garnies de femmes en toi-

lettes aussi irréprochables que dans les environs
de Londres ou de Paris. Il a pu s'avancer assez
près du rivage pour permettre aux officiers anglais de ne point douter de la réalité de cette gra-
cieuse apparition. Des salutations ont été échan-
gées. On paraissait venir de la ville et des villas
voisines pour jouir sur le bord de la mer des
premières fraîcheurs de l'automne et des derniers
beaux jours de la saison. Dans les champs, les
paysans tartares conduisent leurs arabas de foin
et leurs troupeaux de bœufs et de chevaux. Partout s'offre l'image du calme et de la paix dans
ces riantes campagnes où vont se répandre bientôt
tous les fléaux de la guerre, toutes les calamités de
l'invasion.

Le 12, les trois escadres et les deux convois à la
remorque de tous les bâtiments à vapeur se mettent en marche à neuf heures du matin. Suivant
l'ordre prescrit, la division turque continue à rester
sur la droite, tandis que les Anglais naviguent
dans le nord, à la distance de quatre encâblures
de nos lignes. La route est donnée au sud-est.
Soixante-dix milles nous séparent encore de la
plage d'*Old-Fort*. Une heure après notre départ,
les vigies du *Montebello* sont les premières à si-
gnaler la terre devant nous. On ne tarde pas, en
effet, à voir dans cette direction le contour du cap
Tarkhan se dessiner à l'horizon.

Pendant que tous les regards sont tournés vers ce point, au moment où l'impatience et l'émotion grandissent d'heure en heure, le général en chef, vaincu par la douleur, doute s'il parviendra au but de tous ses rêves : il se demande s'il lui sera donné de fouler cette terre promise devant laquelle il conduit ses vaillantes légions. Depuis quelques jours la violence du mal paraît avoir atteint ses dernières limites ; les crises, plus fréquentes, ne lui laissent plus que quelques rares moments de repos ; il sent la vie s'éteindre peu à peu ; ses forces trahissent son courage : il se décide à écrire au maréchal ministre de la guerre ces lignes, dans lesquelles on retrouve empreintes les angoisses et la noble résignation d'une âme toujours supérieure aux circonstances les plus étranges et les plus cruelles peut-être qu'il soit donné à l'homme de rencontrer : « Jusqu'à ce jour j'ai opposé à la ma-
« ladie dont je suis atteint tous les efforts d'éner-
« gie dont je suis capable, et j'ai pu espérer pen-
« dant longtemps que j'étais assez habitué à
« souffrir pour être en mesure d'exercer le com-
« mandement sans révéler à tous la violence des
« crises que je suis condamné à souffrir.

« Mais cette lutte a épuisé mes forces. J'ai eu la
« douleur de reconnaître dans ces derniers temps,
« et surtout pendant cette traversée, pendant la-
« quelle je me suis vu sur le point de succomber,

« que le moment approchait où mon courage ne
« suffirait plus à porter le lourd fardeau d'un com-
« mandement qui exige une vigueur que j'ai perdue
« et que j'espère à peine recouvrer.

« Ma conscience me fait un devoir de vous ex-
« poser cette situation. Je veux espérer que la
« Providence me permettra de remplir jusqu'au
« bout la tâche que j'ai entreprise, et que je pour-
« rai conduire jusqu'à Sébastopol l'armée, avec la-
« quelle je descendrai demain sur la côte de Cri-
« mée. Mais ce sera là, je le sens, un suprême
« effort, et je vous prie de demander à l'Empe-
« reur de vouloir bien me désigner un successeur. »

Ce successeur, on le sait, était auprès de lui.
Le général Canrobert avait attendu jusqu'au dernier moment avant de présenter au maréchal la
lettre confidentielle qui lui avait été remise à son
départ de France. Quelque secrète que fût cette en-
trevue, on ne tarda pas cependant à en connaître
ou plutôt à en deviner le résultat. Le jeune général de la première division allait être investi du
commandement supérieur de l'armée, si quelque
événement de guerre ou de maladie empêchait le
maréchal d'exercer lui-même ce commandement. En
quelques heures cette nouvelle se répandit à bord
de *la Ville de Paris*, et bientôt sur tous les bâtiments de la flotte. Partout elle fut accueillie avec
faveur et sympathie. Le général Canrobert était à.

cette époque le plus brillant et le plus populaire des officiers généraux de l'armée.

Pendant toute la journée l'escadre ne put se rapprocher que très lentement de la côte. La brise du nord soufflait par rafales ; le ciel était nuageux et le temps incertain. Plusieurs groupes de navires s'étaient déjà laissé distancer de leurs postes, et le convoi commençait à se disperser sous le vent. L'amiral Hamelin, d'abord résolu à mouiller au coucher du soleil pour éviter les chances d'abordage, crut préférable, cependant, de poursuivre sa route dans la direction indiquée. La nuit devint très sombre ; chaque navire hissa ses feux de position ; mais, dans ce dédale inextricable, impossible de suivre son *matelot d'avant*. A plusieurs reprises les lignes s'entrecroisèrent. Les Turcs et les Anglais tombaient sur nos colonnes. Les chefs de file eux-mêmes cédaient à l'hésitation générale. Heureusement le jour se fit sans qu'aucun accident ne fût le résultat de l'incertitude de tous ces mouvements. Quelques heures suffirent pour rectifier les distances et corriger les erreurs de position de la nuit précédente. En ce moment les premières terres commençaient à s'étendre sur notre gauche et ne paraissaient plus éloignées de nous que de huit ou dix milles environ. Leur aspect uniforme annonçait déjà le voisinage de la steppe. Elles couraient de l'est à l'ouest perpendiculairement à la

côte et formaient, en s'avançant au large, la pointe
occidentale qui termine dans cette direction le
contour de la baie d'Eupatoria. Dans le fond, le dô-
me et les minarets d'une grande mosquée furent
les premiers points de la ville que l'on put d'abord
distinguer. On découvrit peu à peu la ligne blanche des maisons, la douane, les casernes, l'église
grecque et, dans le même alignement, la double
rangée de moulins se prolongeant sur l'étroite
langue de terre qui sépare le fond du golfe des
lagunes intérieures. Dans toute cette partie le sol
est uni, le terrain bas, la campagne triste et peu
cultivée; mais sur la droite commencent les régions
d'un aspect moins aride : la plaine est verdoyante,
et dans le lointain on aperçoit les montagnes boi-
sées de *Bachi-Seraï* et la chaîne des monts *Velaï*,
dont les derniers contreforts viennent se confondre
avec les falaises abruptes de Sébastopol et de Ba-
laklava.

Vers le milieu du jour, l'escadre française et la
division turque reçurent l'ordre de mouiller en
face de la ville, sur deux lignes parallèles à la
côte septentrionale que nous venions de longer.
Les groupes du convoi continuèrent à s'avancer
dans le golfe et vinrent successivement se masser
dans l'espace compris entre la terre et les vaisseaux. L'après-midi fut consacrée au ralliement
général des navires, dont la marche avait été ralen-

tie par la force du vent. Dans le sud, à quelques
encâblures de nos lignes, les vaisseaux de l'amiral
Dundas croisèrent jusqu'au soir en ordre de bataille. Ils avaient largué les remorques et lou-
voyaient sous les huniers, prêts à *laisser porter*
au premier mouvement de la flotte ennemie. Déjà
le Napoléon, s'élançant à toute vapeur vers l'entrée de Sébastopol, avait disparu à la poursuite
d'une voile suspecte. Il devait appuyer au besoin
nos steamers légers placés en observation devant
l'escadre russe. En même temps *la Mouette* et *le
Primauguet* partaient avec le général Canrobert
pour opérer sur la côte une dernière reconnaissance
et établir au lieu choisi pour le débarquement
les bouées de couleurs différentes destinées à dé-
terminer le mouillage exact de la flotte française.

Dès le moment de notre arrivée dans la baie
d'Eupatoria, le vaisseau anglais *le Sans-Pareil* et
trois frégates à vapeur s'avancèrent à une demi-
portée de canon de la ville pour mettre à exécution
le plan d'occupation concerté entre lord Raglan et
le maréchal Saint-Arnaud. Comme on l'avait prévu,
la place ne pouvait opposer aucune résistance.
Bâtie sur un terrain uni, elle était ouverte dans
tous les sens, et les quelques soldats invalides
qui s'y trouvaient ne présentaient pas même l'apparence d'une garnison. Les principales familles
étaient en fuite sur la route de Simphéropol. Le

gouverneur se présenta lui-même au-devant des
officiers envoyés en parlementaires pour exiger une
reddition complète et immédiate. Pendant quelques
instants ses yeux restèrent fixés sur les innombra-
bles navires qui couvraient l'horizon ; s'adressant
ensuite au colonel Trochu : — « Je vous fais juge
« de ma conduite, monsieur. Devant ce déploie-
« ment de forces, je n'ai qu'à remettre entre vos
« mains une position que je ne peux pas même
« songer à défendre. » Vues de la ville, en effet,
les flottes alliées offraient en ce moment un spectacle d'une imposante grandeur. C'était, dans son
ensemble, le mouvement d'une immense invasion.
Que pouvaient le courage et le dévouement d'un
seul homme devant une aussi étrange et aussi formidable apparition ?

Le 14 septembre, à trois heures du matin, *la
Ville de Paris* lance deux fusées, auxquelles répond immédiatement le vaisseau de l'amiral Dundas. C'est le signal du départ. En un instant la
flotte entière se couvre de feux ; de toutes parts
l'air retentit du bruit des chaînes, du bourdonne-
ment des chaudières, du sifflement aigu des jets
de vapeur. Les tambours et les clairons sonnent la
charge pour accélérer le pas des hommes au cabes-
tan. Dès les premières lueurs du crépuscule, les
vaisseaux amiraux se mettent en marche. A leur suite,
les têtes de colonne se forment d'abord à tâtons ;

elles s'ébranlent ensuite peu à peu et se détachent enfin de la masse compacte des navires qui les environnent.

Quand le jour paraît, quatre lignes parallèles s'avancent lentement du nord au sud, se reliant chacune aux groupes du convoi, qui disparaît derrière un voile de brume et de fumée.

Sur tous les vaisseaux, les troupes en armes et en rang répondent à l'appel au poste du combat. Elles avaient reçu le repas du matin et complété dans leurs sacs les rations de huit jours. La journée pouvait être longue et la lutte sérieuse ; il fallait être prêt à combattre, et pouvoir, au besoin, s'affranchir pendant de longues heures des préoccupations du corps et des souffrances de la faim. Les officiers, en tenue de campagne, vinrent s'asseoir au dernier banquet qui leur était offert par leurs camarades de la flotte. Les vins de France coulèrent à longs flots, on vida les coupes de champagne. Les cœurs étaient pleins d'espérance, mais l'esprit n'était point à la gaîté bruyante ni aux folles chansons. Tout était grave et solennel dans ce repas d'adieux, dans cette agape de soldats qui ne précédait que de quelques instants l'heure de la mitraille et des coups de canon. On but à la patrie, à l'armée, à la gloire ! N'était-ce pas, en effet, le prestige de ces mots entraînants qui faisait oublier aux convives l'hôte invisible assis au milieu d'eux. Un noble enthousiasme les berçait de doux rêves et enivrait les victimes que la mort avait déjà marquées parmi ces hommes pleins de vie, de jeunesse et d'espoir.

Le soleil s'était levé brillant derrière les montagnes, et la plage d'*Old-Fort* s'étendait devant nous. Plusieurs groupes anglais, trompés par le brouillard, éloignés de leur route, se lancent hardiment à travers nos colonnes pour rejoindre, du côté opposé, le poste qu'ils doivent occuper dans le débarquement. *L'Himalaya*, *le Prince*, *le Simoun* et tous ces gigantesques steamers chargés de milliers d'hommes, viennent ainsi effleurer la proue de nos vaisseaux au milieu des hourras frénétiques, auxquels répondent de toutes parts les éclats du *God save* et de *la Reine Hortense*. A huit heures, le pavillon français flottait sur la plage ennemie (1).

---

(1) Ce fut le contre-amiral Bouët-Willaumez qui, dans une baleinière de *la Ville de Paris*, accosta le premier la plage de Crimée et eut l'honneur d'y planter le pavillon français. Cet officier général était alors chef d'état-major de l'amiral Hamelin.

C'est en grande partie à son esprit d'initiative autant qu'à son activité et à sa grande expérience du métier de la mèr, que l'on doit l'organisation maritime de l'expédition de Crimée. C'est, sans contredit, l'officier qui a le plus contribué au succès de notre débarquement sur la plage d'*Old-Fort*.

III

Attaque du 17 octobre.

Trois semaines s'étaient écoulées depuis notre
arrivée au mouillage de la Katcha. La flotte y attendait le moment de prêter à l'armée le concours de
son artillerie. Jusque-là nous étions condamnés à
assister en simples spectateurs aux travaux d'attaque et de défense qui se développaient sous nos
yeux et qui devaient plus tard atteindre les proportions inouïes qu'on était loin d'imaginer à cette
heure. Dans le sud, à sept ou huit milles de nous,
le regard embrassait tout le côté de la presqu'île
qui s'étend depuis la pointe Chersonèse jusqu'aux
falaises abruptes du fond du port et de la Tcher-
naïa. La citadelle du nord occupait le centre de
cette ligne. Elle se détachait en premier plan et se

projetait en relief sur l'autre côté de la baie, où s'étageaient en amphithéâtre les faubourgs, les casernes et les quartiers élevés de Sébastopol. Des amas de terre fraîchement remuée marquaient les principaux contours des lignes stratégiques. La ville et ses ouvrages ressortaient ainsi du milieu des teintes sombres qui formaient le fond général du tableau, et qui accusaient, à la distance même où nous étions, les pentes rapides, les profils anguleux d'un sol irrégulier et profondément tourmenté. Çà et là, quelques groupes de tentes avancées couronnaient la crête des hauteurs et laissaient deviner la direction de nos camps derrière les ondulations du plateau.

Dès les premiers jours nous avions pu suivre les progrès du feu de la place ouvert sur nos travaux d'approche. Nos pièces ne répondaient que faiblement encore ; les coups les plus sérieux partaient d'une redoute anglaise, au pied de laquelle on avait établi une batterie de canons de Lancastre. Les projectiles creux lancés sur la flotte ennemie atteignaient des portées jusqu'alors inconnues. On comprendra le puissant attrait qui attirait sans cesse nos regards vers les moindres détails de ce spectacle lointain. Pour nous, l'ennui était banni désormais ; mais il avait fait place à un sentiment d'impatience et de vague inquiétude qui remplissait les longues heures de repos auxquelles nous

condamnait notre mouillage devant une plage
ennemie. Peu de journées s'étaient pourtant écoulées quand l'armée fit un premier appel aux ressources de la marine. En présence de l'artillerie
russe, on ne tarda pas à reconnaître l'insuffisance
de notre ancien matériel de siége. Dès les premières
salves, nos épaulements avaient été culbutés, nos
traverses anéanties, nos pièces de vingt-quatre réduites au silence. On commençait la lutte avec des armes
qui n'étaient point égales. Les généraux en chef n'hé-
sitèrent pas à recourir aux lourds canons de fonte
des batteries basses de nos vaisseaux. Dès le commencement d'octobre, quarante pièces de gros
calibre étaient débarquées à Kamiesh avec le personnel que comportait leur complet armement.

Ce fut une étrange et bien heureuse nouvelle
que celle qui vint ainsi nous surprendre au milieu
du séjour monotone du bord. Officiers et marins
l'accueillirent avec enthousiasme. Comment de-
meurer froid devant les nouveaux horizons qui
s'ouvraient devant nous? La guerre ne nous paraissait que sous son beau côté. Nous allions
prendre part au service du siége ; dans la carrière
maritime, c'était une occasion unique de nous
initier à cette existence pleine d'émotions et de
charme que l'on ne rencontre guère que dans la
vie entraînante des camps.

De telles perspectives suffisaient pour frapper

l'imagination et la rendre accessible à toutes les séductions de la gloire. Au milieu des rêves de batailles et de brèches fumantes, il fallait tenir compte de ce mystérieux attrait qui naît presque toujours de la présence d'un danger inconnu. Dans le rude métier de la guerre, bien malheureux sont ceux qui n'ont jamais connu d'autre stimulant que l'aiguillon de l'ambition. Le sentiment seul du devoir suffit à peine ; ce qu'il faut avant tout, c'est l'ardeur, c'est l'enthousiasme, c'est la jeunesse de l'âme plus que celle du corps ; ce qu'il faut, c'est le feu sacré, qui, pareil à la foi, transporte les montagnes.

Malheureusement pour nous, sur chaque vaisseau le choix était restreint ; le nombre des élus était bien faible encore. Un millier d'hommes à peine formait le détachement de l'escadre destiné à suivre devant Sébastopol le service actif des batteries de siége. Plus tard d'autres demandes vinrent successivement doubler, et au delà, ce premier effectif du camp de la marine.

Le chef auquel fut confié l'honneur d'un tel commandement ne tarda pas à se montrer à la hauteur de cette noble tâche. L'amiral Rigault de Genouilly, par son intelligence et sa rare énergie, a su conquérir, au camp de la marine, une célébrité que le temps n'a fait que consacrer. Les services qu'il y a rendus, en effet, ne sont pas de

ceux que les années peuvent faire oublier. Son
nom, glorieusement associé à tous les grands événements du plateau Chersonèse, était encore destiné à nous apparaître, du fond de l'extrême Orient,
entouré de tout l'éclat et de tout le prestige des
conquêtes lointaines et des expéditions merveil-
leuses.

Quinze jours s'écoulèrent dans l'attente de nouveaux résultats. Ils devaient être décisifs cette
fois ; on ne s'entretenait que des projets d'attaque
arrêtés en conseil par les généraux alliés. Les
colonnes d'assaut étaient prêtes ; on s'attendait à
voir bientôt la ville écrasée sous les coups de notre
artillerie. Il est vrai que les nouvelles du quartier
général n'arrivaient jusqu'à nous qu'après avoir
subi de nombreux changements. Toutefois les
bruits, assez vagues d'abord, se confirmèrent sans
cesse davantage.

Le 17 octobre paraissait être le jour fixé pour
démasquer nos pièces et reprendre le feu sur toute
l'étendue de nos lignes. L'action, assurait-on,
deviendrait générale. Les flottes alliées prenaient
part au combat ; leurs vingt-six vaisseaux devaient
venir résolûment mouiller devant l'entrée du port,
répondre aux batteries et couvrir de boulets la partie de la ville opposée à celle que l'armée attaquait
par les bastions et les murs crénelés. Des résultats
du feu dépendraient les chances de l'assaut. Dans

tous les cas, la concentration de pareilles forces
pouvait bien justifier à cette heure l'espérance d'un
succès éclatant.

Dès le 15, en effet, les vaisseaux recevaient
l'ordre de se préparer au combat. Dans la soirée
du 16, l'amiral Hamelin arriva de Kamiesh ; il
réunit immédiatement les capitaines à son bord et
leur communiqua brièvement les dernières instructions pour la journée du lendemain. Nous restions
chargés de l'attaque des batteries du sud ; celles
du nord étaient réservées aux Anglais. Nos quatorze vaisseaux devaient avoir l'honneur d'arriver
les premiers sous le feu de la place. Ils mouille-
raient endentés sur une double ligne, longue de
huit encâblures environ, en se développant devant
les trois cent cinquante pièces de la *Quarantaine*,
de l'*Artillerie* et du fort *Alexandre*. La configura-
tion de la côte permettait aux Anglais de défiler
derrière nous pour aller, dans le nord, prendre
leur ligne en face des triples rangées de canons
du *Télégraphe* et du fort *Constantin*. Tel fut le
plan arrêté par les amiraux commandant en chef.
Il ne nous parvenait qu'à une heure avancée de la
nuit et ne précédait que de quelques heures le
moment d'en commencer l'exécution.

Dès la pointe du jour, en effet, tous les regards
étaient tournés vers la terre. Le temps était calme,
le ciel transparent ; une légère brume flottait sur

les hauteurs ; la ville avait réduit son feù à un tir
lent et régulier. Nos lignes étaient toujours muet-
tes. Au lever du soleil, l'horizon s'embrasa tout
à coup ; toutes nos pièces tonnèrent à la fois ; les
batteries ennemies grondèrent à leur tour sous un
épais nuage : une journée de feu et de sang venait
de commencer.

Pendant ce temps nos vaisseaux restaient immobiles au mouillage. L'heure du rendez-vous n'était
que pour midi. Bien que la distance à franchir fût
de six milles à peine, l'amiral Hamelin avait hâte
d'arriver sur le lieu du combat. Les derniers préparatifs furent promptement terminés, les canots
mis à la mer, les mâts de perroquet dépassés, les
remorqueurs accostés et solidement liés à notre
flanc. Telle était en effet, pour ce jour, la part
difficile et modeste réservée à nos frégates à vapeur.
Elles avaient eu à Odessa les honneurs de la fête ;
aujourd'hui elles cédaient le pas. Elles devaient
conduire les vaisseaux, les présenter au feu, mais
rester à l'abri de leurs hautes murailles.

A neuf heures, *la Ville de Paris* donna l'exemple ; elle appareilla et mit en marche sans faire
d'autre signal. Tous les vaisseaux français mouillés
à la Katcha suivirent la manœuvre. Ils s'ébranlè-
rent à leur tour, mirent le cap au sud, et s'avancèrent, échelonnés à de longs intervalles, dans les
eaux mêmes de l'amiral en chef. Leur marche

était lente, obligés qu'ils étaient d'attendre les vaisseaux mouillés devant Kamiesh. Tout était calme autour de nous ; le temps était lourd, la mer plate, le soleil brûlant. Par un étrange contraste, la brise de sud-est soufflait avec assez de force de l'autre côté de la baie et faisait naître d'inévitables causes de lenteur dans tous les mouvements de la division de l'amiral Bruat.

A midi, nous doublions la pointe nord et découvrions tout à coup le panorama de la ville, l'entrée du port et les formidables ouvrages dirigés contre nous. La *Quarantaine* semblait se prolonger par une ligne continue de batteries barbettes jusqu'à l'*Artillerie* et au fort *Alexandre*. De l'autre côté, les casemates superposées du fort *Constantin*, formaient avec le *Télégraphe* et la tour *Maximilien* un développement moins long, mais presque symétrique, à travers une atmosphère déjà chargée de fumée. Le soleil colorait d'une teinte chaude et rougeâtre ces murailles hérissées de canons. Le bleu du ciel avait disparu ; la mer elle-même n'offrait que des reflets grisâtres. Dans le fond du golfe, la flotte russe se montrait devant nous pour la première fois. Elle était massée sur deux colonnes, immobile et bravant notre approche derrière l'infranchissable barrière de ses vaisseaux coulés. En ce moment l'amiral signalait de forcer de vitesse. On venait de prendre l'ordre de front

perpendiculaire à la direction que nous avions
suivie. Encore quelques instants et, par un simple
mouvement sur la droite, nous pouvions nous
trouver en ligne à la hauteur du poste d'embossage. De toutes parts déjà, dans chaque batterie,
les tambours, les clairons rappelaient les hommes
à leurs pièces. L'amiral signalait *Branle-bas de
combat!* On ne peut se figurer d'une manière
exacte l'aspect que présente, au moment de l'action,
l'intérieur d'un vaisseau de guerre. C'est une prise
d'armes générale, une levée en masse, un chaos
apparent, où chaque élément mis en jeu doit concourir avec une précision merveilleuse à une œuvre
de mort et de destruction. Même en un simple
jour d'exercice, ce spectacle conserve encore un
singulier caractère d'originalité et de grandeur.
Il a son éloquence et son entraînement. Quand les
tambours battent la générale, ne reste pas impassi-
ble qui veut devant cette mêlée d'hommes et de
canons s'agitant au milieu du choc des refouloirs,
du craquement des ponts et du sourd roulement
des affûts bondissant sur leurs bragues. On comprendra dans quelles proportions doivent grandir
toutes ces impressions quand l'illusion fait place
à la réalité, quand on ne se trouve plus qu'à quelques encâblures des pièces ennemies.

  Certes, jamais plus beau vaisseau que le nôtre
ne fut digne de servir de théâtre au développement

de ces pompes guerrières. Le choix des hommes, la puissance de son artillerie, la rapidité de sa marche, tout jusqu'à l'irréprochable élégance de ses formes et de ses proportions, tout concourait à en faire un bâtiment d'élite au milieu de cette escadre, déjà si remarquable, que la France montrait avec égal orgueil à ses alliés et à ses ennemis. Comme son galant et glorieux parrain, *le Henri IV* pouvait déjà compter des souvenirs héroïques mêlés à des journées de fête et de plaisir. Il avait eu des bals à Lisbonne, des *tertullias* à Cadix et des concerts à Naples. Sur son pont, jonché de tapis et de fleurs, il avait vu se dérouler les gracieux anneaux des danses espagnoles. Plus d'une fois sa dunette avait été prise d'assaut par de joyeux essaims de belles Andalouses. Mais à cette heure l'esprit n'était pas aux frivoles pensées, aux tendres souvenirs ; tout était grave et sévère : les cloisons, les glaces, les rideaux avaient fait place aux filets de combat tendus de toutes parts comme un linceul funèbre.

Avant d'envoyer les hommes et leurs pièces, le commandant voulut les réunir un instant devant lui. Notre équipage, composé de mille hommes environ, avait été notablement réduit par l'armement des batteries de siége et par l'action incessante des fièvres et du scorbut. Mais en ce jour l'attrait de la poudre opérait des merveilles. L'hô-

pital était désert ; il n'y restait que quelques fié-
vreux agonisants , que l'on descendit à couvert
dans les profondeurs de la cale. Aux premiers
rappels du tambour, tous les scorbutiques s'étaient
levés. Comme les paralytiques de Bethsaïde et de
Siloé, ils avaient senti leur membres s'affermir et
avaient pu suivre leurs camarades déjà réunis sur
le pont. Les paroles que le commandant leur
adressa partirent du cœur ; elles furent simples et
brèves, telles qu'elles doivent être toutes les fois
que les mots ne peuvent avoir l'éloquence des faits.
Il les félicita de toucher enfin au but si longtemps
désiré : « Mais à cette heure, ajouta-t-il, s'il faut
« vous réjouir du titre de Français, il faut vous
« souvenir que vous êtes chrétiens et que plusieurs
« d'entre nous sont destinés peut être à paraître
« avant ce soir devant Dieu ; n'oublions pas d'ap-
« peler sa protection sur nous. » Un roulement
prolongé de tambour annonça la prière. Ce fut la
péroraison du discours. Toutes les têtes se décou-
vrirent. Du haut de la dunette, et au milieu d'un
religieux silence , l'aumônier récita le *Pater* et
l'*Ave*. Jamais la voix du prêtre ne tomba sur une
foule mieux disposée à s'associer du cœur et de
l'esprit aux calmes et bienfaisantes aspirations de
ces divines oraisons. Chez le plus grand nombre
des assistants elles n'évoquaient pas seulement un
pieux souvenir de l'enfance, un écho lointain du

foyer, elles répondaient encore, à cette heure, à ce vague besoin de l'âme qui recherche dans l'accomplissement d'un généreux sacrifice le but de ses mystérieuses destinées. En ce moment les premiers boulets sifflaient dans le gréement. La *Quarantaine* venait d'ouvrir son feu, et les coups dirigés sur nos vaisseaux de tête arrivaient jusqu'à nous.

Le Charlemagne, guidé par *le Pluton*, s'avançait rapidement vers l'accore du banc de la baie chersonèse. Il laissa tomber l'ancre à sept encâblures de terre et devint le point fixe sur lequel allait s'appuyer et s'étendre au nord-est le développement de notre ligne d'embossage. *Le Montebello* l'avait suivi de près ; il arrivait presque en même temps sur son relèvement. Le pavillon de l'amiral Bruat servait de point de mire aux coups de l'ennemi (1). A peine mouillé, son grelin d'embossure fut coupé à fleur d'eau par le ricochet d'un

(1) Quand l'amiral Hamelin fut rappelé en France par l'Empereur, l'amiral Bruat reçut le commandement supérieur de l'escadre, et déploya, dans les circonstances difficiles où il fut placé, les précieuses qualités de son ardente et infatigable nature. On comprend la popularité qui s'était attachée à la vive et originale physionomie de cet énergique marin. Il n'y a pas, en effet, de figure mieux accusée et plus fortement dessinée que la sienne. Qui peut oublier, après l'avoir vu une fois, ce visage pâle et amaigri, mais encore animé de tout le feu de la jeunesse ? La vivacité du regard

boulet. Pris en écharpe sous un feu concentré, l'arrière tourné vers les forts, il ne tarda pas à voir son pont ensanglanté avant d'avoir pu tirer un seul coup de canon. Pas un souffle de brise ne lui venait en aide ; la manœuvre pour prendre le travers ne pouvait manquer d'être lente et singulièrement périlleuse ; heureusement la prompte intervention d'un puissant voisin détourna en partie la pluie de projectiles qui tombait sur ce point. *Le Friedland* arrivait à son poste, mouillait en s'embossant et couvrait d'un magnifique feu de bordée le mouvement du vaisseau amiral. L'ordre d'ouvrir le feu venait d'être donné !

Sur la droite, l'action se trouvait ainsi vivement engagée, quand, au centre, la *Ville de Paris* s'avançait hardiment devant le front embrasé des batteries en feu. En tête de ses mâts et au-dessus d'un voile de fumée flottait le pavillon de l'amiral en chef et le signal *La France vous regarde !*

révélait bien chez lui la puissante volonté qui dominait ce corps infirme et grêle, épuisé par de cruelles et précoces souffrances. Perclus de goutte, les membres raidis par la douleur, combien de fois l'avons-nous vu se faire porter à cheval par deux vigoureux canotiers, et partir au galop comme le plus fringant aspirant de son bord ! La neige tombe, le vent souffle du nord, la mer est dure et houleuse, n'importe ! il va, il va sans cesse ! Partout on le rencontre, en rade, sur la plage, au quartier général. Chez lui, comme le dit l'Apôtre, « l'esprit avait dompté le corps. »

A cette magique évocation de la patrie absente, des acclamations bruyantes s'élevèrent de toutes parts, dominant par intervalles le sourd grondement du canon. Tous les cœurs battaient à l'unisson. Que ne nous fut-il donné d'assister en ce jour à la réalisation des beaux rêves de gloire conçus dans les élans d'une aussi noble ardeur !

Les vaisseaux de la gauche arrivèrent successivement au mouillage suivant le plan donné. C'étaient *le Valmy*, *le Henri VI* et *le Napoléon*, qui prolongeaient vers le nord le front de notre attaque. Dans l'intervalle des créneaux, l'autre moitié de l'escadre s'embossa sur le second plan et compléta la ligne de bataille, au centre de laquelle se trouvaient massés quatre vaisseaux de cent vingt canons.

Le feu des Russes s'était progressivement étendu de la *Quarantaine* au fort *Alexandre*, en se propageant par toutes les batteries qui couvraient le rivage. A plus de douze encâblures de nous, les forts du nord commençaient déjà à essayer sur nos premiers vaisseaux la portée de leurs pièces. Leur tir, en général beaucoup plus juste en direction qu'en hauteur, ne causait pas à bord les ravages qu'on aurait pu redouter. Quelques coups atteignaient la coque de plein fouet, mais la plupart tombaient en bombe près de nous, ou ricochaient en sillonnant seulement le gréement.

De notre côté, nous nous étions avancés sans répondre. Jusqu'au dernier moment la manœuvre s'exécuta en silence. Au signal de l'amiral en chef, la partie s'engagea enfin par un feu général. Si grande était la quantité de pièces tonnant à la fois sur ce point, que l'on n'entendit d'abord qu'un vaste roulement de feux de batterie et de feux de bordée ! Rien dans la nature ne peut rendre l'effet de ces détonations. L'air en fut ébranlé jusqu'à de prodigieuses distances. A plus de trente milles, la ville d'Eupatoria en ressentit jusqu'au soir les sourdes commotions.

Une heure après le commencement de l'action, le tir de l'ennemi s'était considérablement ralenti devant nous. La *Quarantaine* répondait faiblement, et sur plusieurs points le feu semblait éteint. En ce moment l'escadre anglaise défilait à peine derrière notre ligne. Elle était en retard ce jour-là, comme elle l'avait été en appareillant de Baltchick, d'Old-Ford et de l'Alma. Mais *honni soit qui mal y pense!* Elle devait faire oublier promptement l'effet défavorable de cette première impression. L'*Agamemnon* ouvre la marche. Il porte le pavillon de l'amiral Lyons et se dirige droit vers l'entrée de la ville. Il a bientôt franchi l'alignement de nos premiers vaisseaux. Le *Télégraphe* et le fort *Constantin* le couvrent de boulets. Rien n'arrête l'élan de sa course rapide. Il effleure hardiment les récifs de la côte. Le voilà sous la volée des batteries en feu. Il avance toujours comme un vaillant champion ; il veut serrer son ennemi de près. A le voir, on dirait qu'il franchit l'invincible barrière qui protége le port. Enfin il ralentit sa marche, il s'arrête, il pivote, il présente le flanc et disparaît soudain dans un tourbillon de flammes et de fumée. *Rule Britannia !* ton léopard rugit en vain contre ces murs de fer et de granit, mais rien ne ternit aujourd'hui le glorieux éclat de tes nobles couleurs.

Le Sans-Pareil, l'Albion, le Rodney s'élancent à la suite du vaillant amiral. Autour d'eux la lutte s'engage ardente et acharnée. Sous le feu croisé des deux rives, ils forment la tête de colonne sur laquelle vient s'appuyer le reste de l'escadre Dundas, échelonnée dans le prolongement de la ligne française.

Dès ce moment toutes les parties du plan général d'attaque se trouvaient fidèlement remplies. La mise en scène était complète. Rien ne manquait à la grandeur du tableau, à la magnificence du spectacle qu'offraient ces vingt-six vaisseaux, étreignant en diagonale, sous une pluie de feu, les deux côtés de la baie de Sébastopol.

Pendant que les efforts de la défense étaient ainsi attirés du côté de la mer, nous ignorions encore les résultats de l'attaque de front tentée dès le matin par l'armée alliée. Comment expliquer le

silence des batteries de siége ? Qu'étaient devenues
nos colonnes d'assaut, nos troupes de renfort ?
Depuis deux heures et demie le feu avait cessé sur
toute notre ligne. Les pièces démontées, les servants
tués par centaines, les principaux ouvrages détruits
par l'explosion d'un magasin à poudre, tels
étaient les résultats des premières heures du combat. Il était devenu impossible de résister plus
longtemps à l'écrasante supériorité de l'artillerie
ennemie.

L'attaque ainsi abandonnée du côté de la terre,
que pouvait-on espérer des efforts tentés par la
marine ? Sans la coopération simultanée de l'armée,
la flotte demeurait impuissante. Eût-elle en son
pouvoir des forces plus imposantes encore, elle ne
pouvait opérer, après coup, qu'une diversion sté-
rile. Elle était d'avance condamnée à une démons-
tration sans dénoûment possible. De la part des
amiraux en chef, on comprend toutefois le désir
de remplir jusqu'au bout le rôle qui leur était
échu. Ils avaient bravement conduit leurs vaisseaux
sous les forts de la ville. Partout ils avaient vigou-
reusement répondu au feu de l'ennemi. Sur plusieurs points ils l'avaient dominé et éteint. Le succès
ne semblait pas douteux ; bien que le résultat matériel fût à peine sensible, l'effet moral était complet. On venait de prouver à la Russie et à l'Europe
que ce n'étaient point les forteresses hérissées de

canons qui arrêtaient nos vaisseaux devant Sébastopol. Sans l'infranchissable barrière qui s'étendait
devant nous, nul ne pouvait mettre en doute à
cette heure que nous n'eussions forcé la dernière
retraite où s'était réfugiée l'escadre ennemie. Ainsi
se trouvaient confirmées en tous points les prévi-
sions du prince Mentchikoff : en sacrifiant au
moment opportun la moitié de sa flotte, il avait
sauvé la ville d'une ruine certaine, ou plutôt il lui
avait réservé les chances d'une résistance héroïque.

L'attaque du 17 octobre n'avait pas offert les
sanglantes péripéties auxquelles nous ont habitués
les fastes maritimes de l'Angleterre et de la France.
Il n'y avait pas eu bataille navale, rencontre d'escadre, choc de vaisseau contre vaisseau ; la mer ne
s'était point teinte de sang ; les flots n'avaient pas
disparu sous des monceaux d'épaves et de débris
fumants ; mais la journée avait eu cependant ses
moments difficiles, ses incidents imprévus, ses
situations périlleuses et dramatiques. Ce n'était
pas impunément, sans doute, que la tête de colonne de l'amiral Lyons avait revendiqué l'honneur
de s'engager jusqu'à trois encâblures des batteries
du nord. Sous un feu terrible, plongeant à couler
bas, *le Rodney* avait touché sur l'accore du banc.
Cloué sur les récifs, il n'était parvenu à se remettre à flot qu'après avoir tenté des efforts surhu-
mains. Le sang avait coulé pendant ces longues

heures. Plusieurs autres vaisseaux avaient également souffert. *L'Albion*, *l'Aréthuse* étaient désemparés. *La Retribution* avait eu son grand mât coupé à la hauteur du pont.

Du côté des Français, les avaries étaient moins graves, les pertes moins cruelles. Chaque vaisseau avait eu cependant sa part de victimes à ajouter à l'holocauste général offert en ce jour au Dieu des combats.

Par un étrange privilége et grâce à une providentielle intervention, l'amiral Hamelin était sorti sain et sauf d'une formidable explosion qui avait fait voler en éclats la dunette de son vaisseau. Tout son état-major avait été atteint, quelques officiers emportés en lambeaux, d'autres blessés mortellement. Lui seul était resté debout, immobile, sur le bord de la brèche fumante qui venait de s'ouvrir sous ses pieds.

Dans la carrière des armes, dans la carrière maritime surtout, où il faut laisser une très large part aux chances du hasard, il est des hommes auxquels la fortune semble toujours sourire. Une heureuse étoile les accueille au berceau, les suit jusqu'à la tombe. A tous les moments de la vie on retrouve les traces de cette merveilleuse influence. Jamais cette faveur constante du sort ne fit défaut au commandant en chef de l'escadre française. Chez lui elle ne servait, il est vrai, qu'à seconder les qualités, fort remarquables d'ailleurs, qui le rendaient digne, en temps de guerre, de remplir toutes les charges d'un grand commandement.

Le Henri IV, comme on l'a déjà vu, avait pris son poste d'embossage en même temps que le vaisseau de l'amiral en chef. Mouillé à gauche de la ligne, il était resté isolé pendant plus d'un quart d'heure, en attendant l'arrivée du *Valmy* et du *Napoléon.* Les premières salves qui l'accueillirent furent les plus meurtrières. On ne tarda pas à entendre sur le pont et dans les batteries quelques cris étouffés par les roulements du canon. On vit bientôt monter et redescendre le cadre tout sanglant qui allait déposer les blessés dans la cale. C'est là qu'est placée l'ambulance pendant la durée du combat. C'est dans la partie la plus abritée du vaisseau, dans les profondeurs de la cale, que se tient le docteur entouré de ses aides. Le lit d'amputation est dressé, les caisses d'instruments sont ouvertes, les *bailles* de sable et d'eau toutes prêtes. Rien ne manque aux sinistres détails de cet amphithéâtre. L'aumônier lui-même est à son poste. Il verse l'huile et le baume là où le fer a passé! mais les premiers soins sont pour ceux que la science humaine abandonne. A eux les paroles qui calment, les prières qui touchent, l'onction sacrée qui fortifie. Devant le souffle de la mort, il sanctifie les dernières douleurs de l'homme frappé

8

dans l'accomplissement du devoir : salutaires douleurs, en vérité, souffrances bénies qui ouvrent à
ces vaillantes âmes les champs glorieux où elles
s'envolent vers le Dieu des armées, dans le séjour
des martyrs et des saintes phalanges.

La première victime que nous vîmes passer dans
le cadre fatal était un enfant de seize ans atteint
à la poitrine par un éclat d'obus. Sa figure était
pâle, ses yeux noyés de larmes. Au milieu de
gémissements étouffés, il balbutiait des paroles
confuses, des mots entrecoupés, le nom de sa mère
sans doute. Rien ne peut rendre l'impression produite par cette première image de la douleur. Il
est impossible de s'affranchir d'un premier sentiment d'hésitation, de trouble. Le sang remonte un
instant vers le cœur, mais les sens révoltés s'apai-
sent peu à peu. L'esprit se relève, l'âme ne tarde
pas à rester la maîtresse. Il s'établit enfin une
étrange harmonie entre les agitations du dehors,
les ébranlements du canon et le tumulte des émotions intérieures. Chacun subit à son insu cette
singulière influence. Aux premiers cris des blessés
on sent un frémissement soudain passer dans les
masses. Les hommes s'animent, le feu s'accélère,
la manœuvre des pièces devient de plus en plus
rapide. On est obligé de calmer l'ardeur de ce
premier élan pour ne pas compromettre la précision du tir, la justesse des coups.

Les meilleurs chefs de pièce résistent aisément à cet enivrement de la poudre, à cet entraînement général. On les voyait immobiles au poste de pointage, cherchant vainement à percer le rideau de fumée qui leur dérobait le rivage. Lassés d'attendre, ils ne déguisaient plus leur impatience et leur mauvaise humeur : la journée n'était évidemment pas fructueuse pour eux. De loin en loin, à peine parvenaient-ils à saisir une embrasure ou un pan de muraille qui leur permettait d'aventurer leur charge au milieu d'une vague et rapide éclaircie.

Le feu s'était peu à peu ralenti après la vive canonnade que nous avions engagée dans les premiers moments de notre arrivée. Les ordres, d'ailleurs, étaient précis : nous devions compter le nombre de nos coups et ne pas dépasser la moitié de nos approvisionnements de combat. Il fallait songer aux chances d'un retour, aux éventualités du lendemain.

La journée touchait déjà à sa fin quand nous entendîmes tout à coup retentir près de nous les triples feux de batterie qui signalaient l'arrivée d'un nouveau combattant. C'était le *Mahmondieh*, le vaisseau amiral de la flotte ottomane. Il s'embossa sur l'avant du *Valmy*, un peu en dehors de notre alignement. A le voir prodiguer sans relâche, et par tous ses sabords, les formidables décharges de son artillerie, on eût dit qu'il voulait regagner

à tout prix les précieuses heures qu'il avait per-
dues en ralliant son poste. Rien ne mettait obstacle
à sa bruyante ardeur. Qu'importaient la fumée,
la distance! Allah combattait aujourd'hui pour
les vrais fils d'Osman. L'ennemi était là; on le
tenait à portée de canon. N'était-ce pas le Russe
d'Ochakow, de Tchesmé, de Navarin et de Sinope?

A la tombée de la nuit, l'amiral Hamelin signala
à chacun des vaisseaux de sortir de la ligne. L'ap-
pareillage s'exécuta lentement, en bon ordre; mais
à peine les premiers mouvements furent-ils com-
mencés que les batteries démontées ou éteintes
s'armèrent de nouveau. De toutes parts on vit les
artilleurs russes revenir à leurs pièces; partout
le feu reprit avec une violence extrême. L'ennemi
nous saluait au départ commeil nous avait accueilli
en venant au mouillage. Ce fut sous l'impression
pénible de cette journée incomplète que nous fîmes
route le soir pour reprendre notre poste de la
Katcha.

V

La lutte que nos flottes affrontèrent plus tard fut plus sérieuse encore et pouvait entraîner des conséquences beaucoup plus désastreuses. Nous voulons parler du sinistre du 14 novembre.

Sur la plage de la Katcha, nos vaisseaux, mouillés en pleine côte, recevaient directement toute la violence de l'ouragan. Pendant vingt-quatre heures on vit ces masses énormes, convulsivement retenues par leurs chaînes, s'élancer par saccades sur la crête des lames et retomber en roulant dans les profonds sillons d'une mer tourmentée. Résisteront-elles à de telles secousses? ou, chassant sur leurs ancres, viendront-elles, entraînées les unes sur les autres, rouler et s'abîmer au milieu des brisants qui bordent le rivage?

A Balaclava, la scène change d'aspect. Dans un bassin étroit encaissé de toutes parts par des murs de granit, la tempête s'est engouffrée en tourbillons furieux. Les flots de la mer y bouillonnent comme dans un cratère. Rien ne résiste à leur soulèvement. Tout est lancé, broyé contre les rocs abruptes. Tout vient s'anéantir, s'abîmer dans une inextricable mêlée, dans un vaste naufrage. Là s'engloutirent les précieux approvisionnements de l'armée alliée ; là disparurent aussi les plus beaux steamers de la marine anglaise.

A Eupatoria, la lutte devient également terrible et désespérée : la ville est en feu ; les Cosaques débordent dans la plaine ; le canon gronde sur la plage. A cinq heures du soir, le vaisseau *le Henri IV* brise ses dernières amarres. Il dérive, il *abat*, il disparaît soudain dans un épais nuage. La neige et l'écume, fouettées, tourbillonnent dans l'air. La mer est monstrueuse. Quel va être le secret de cette nuit terrible ? Quel sera le spectacle que la plage offrira au lever du soleil ?

Tout le fond de la baie est couvert de débris. Sur plusieurs points les navires marchands, les grands transports anglais semblent amoncelés. Ici, *le Pluton* renversé présente à la lame furieuse sa carène entr'ouverte ; plus loin, un vaisseau turc de quatre-vingts canons est venu se broyer contre un banc de rochers. Au milieu de cet amas

confus de mâtures en pièces et de débris flottants,
on aperçoit enfin notre magnifique *Henri IV*, vaincu par la tempête, balayé par la mer, perdu dans
les brisants, mais debout sur sa quille au milieu
des récifs, son pavillon au vent et ses canons
tonnant contre les nuées de Cosaques qui s'abat-
taient sur lui comme sur une proie.

Dans la vie de l'homme, dans la vie du marin
surtout, il est des impressions que le temps ne
saurait effacer; de ce nombre sont celles qui se
rattachent au souvenir de la dernière nuit qu'il
nous fut donné de passer sur le pont de notre
infortuné vaisseau naufragé et perdu à Eupatoria.

FIN.

CHAMBÉRY. — IMPRIMERIE NATIONALE.

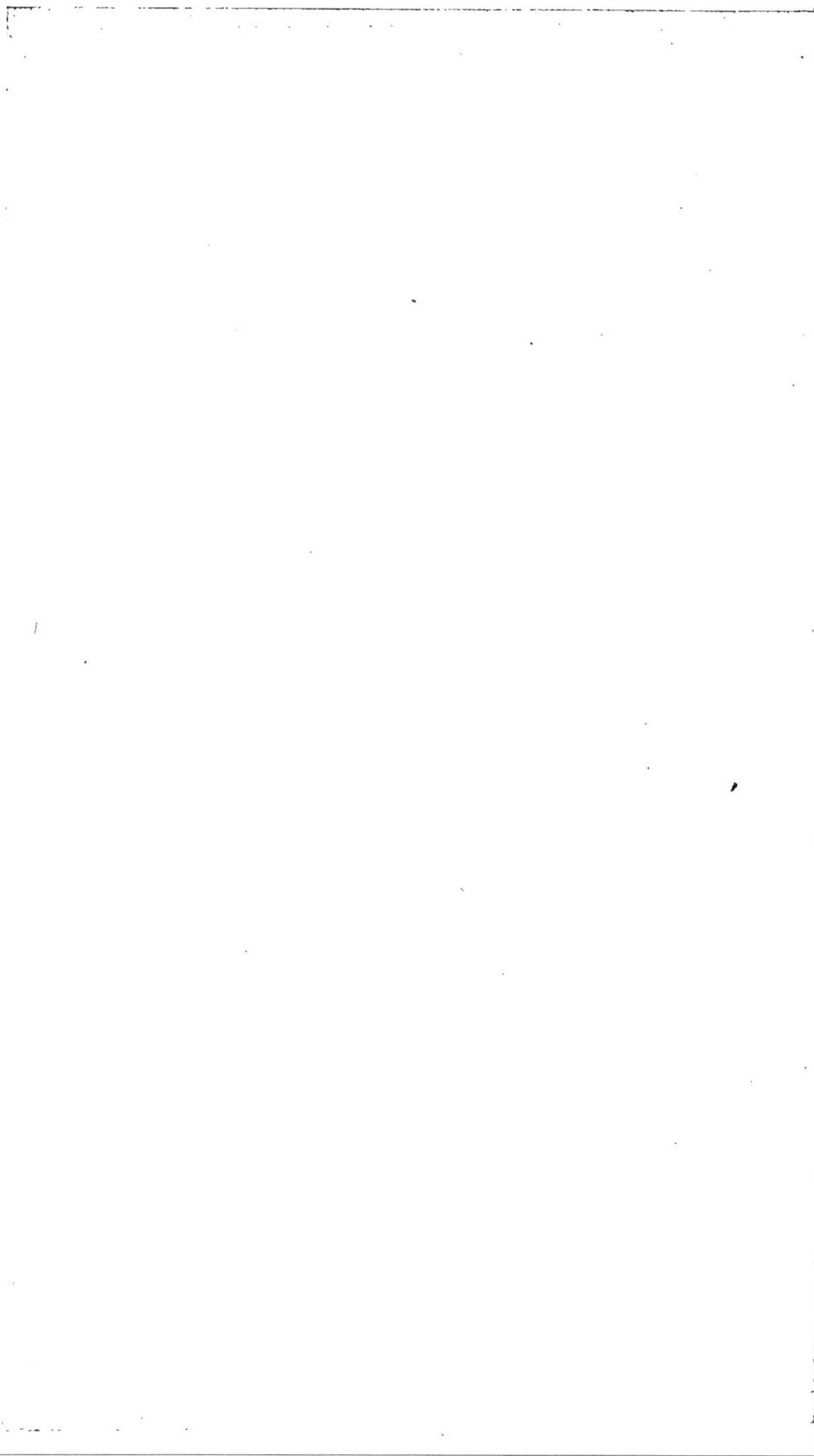

BIBLIOTHEQUE NATIONALE DE FRANCE

3 7531 02973801 1

www.ingramcontent.com/pod-product-compliance
Lightning Source LLC
Chambersburg PA
CBHW071829090426
42737CB00012B/2211